Reinhard Witt

D1855302

Wildrosen

und Wildsträucher für den Garten

Kosmos

Die Beeren des Schwarzen Holunders glänzen bläulich-schwarz.

Die Blüten der Rauhblättrigen Rose verströmen einen betörenden Duft.

Inhalt

Alpenheckenrose

4

Ein Garten für alle Arten

Was gibt es Schöneres als einen quicklebendigen Wildsträuchergarten? Einen Garten, in dem die Natur hautnah erlebbar ist und es immer Neues zu entdecken gibt. Wildbienen, Schmetterlinge, Singvögel – alle vor der Haustür.

Tierisch besucht: Vogelbeere mit Kernbeißer-Spuren

Stichwort Artenvielfalt: Unsere 40 Wildrosen unterscheiden sich durch interessante Hagebutten. Auch Blütezeit, Farbe, Größe und Verwendungseigenschaften variieren erfreulich.

So eine schöne ökologische Einheit bilden Wildrosen und Wildblumen: Rotblättrige Rose und Blutstorchschnabel

Leuchtender Fruchtschmuck im Herbst: Pfaffenhütchen

Ein Wildrosen- und Wildsträuchergarten ist ein Garten für alle Arten. Denken wir nur an die Vielfalt der heimischen Wildrosen: Zimtrose, Bibernellrose, Blaugrüne Rose, Weinrose ..., klingt das nicht vielversprechend? So ist es auch. Nicht nur das Auge erfreut sich an den heimischen Schönheiten unserer Natur. Auch die Lebewesen profitieren von ihrer Vielfalt. Deshalb ist der Garten mit heimischen Sträuchern auch der Garten des Lebens - ein irdisches Paradies. Denn nur die heimischen Wildpflanzen gewähren eine große Lebensfülle. Sie ernähren und versorgen alle Arten von Insekten, von ihnen wiederum leben Vögel und die Kleinsäugetiere. Deshalb ist der Garten mit heimischen Pflanzen eine Lebensversicherung für die kunterbunte Tierwelt, die uns so am Herzen liegt. Vielleicht wäre es noch treffender, zu sagen: Überlebensversicherung. Pflanzen wir also Wildrosen um uns herum, als wären wir im Märchen von Dornröschen. Die darüber jubilierenden Vögel würden uns schon wecken.

Waldhummel auf Heckenkirsche: Futter im Überfluß

Grauschnäpper: Ohne Wildsträucher keine Gartenvögel

VÖGEL WÜRDEN WILDSTRÄUCHER WÄHLEN

Wenn wir die Vögel unserer Gärten nach ihren Vorlieben befragten, würden sie uns flötend antworten: „Liebe Menschen, pflanzt bitte mehr Wildsträucher aus unserer Heimat. Das ist unsere Nahrung, die Basis unseres Daseins."

Die Flora Mitteleuropas umfaßt 180 heimische Wildstraucherarten, genug, um damit unsere Gärten abwechslungsreich zu gestalten, und genug, um Nahrung für einige tausend Insektenarten bereitzustellen, von denen wiederum Heerscharen von Gartenvögeln existieren. Wildrosen und mit ihnen alle Wildsträucher sind also der Lebensquell in unseren Gärten schlechthin.

„Sein oder nicht sein"...
Unsere gefiederten Freunde wissen, daß exotische Sträucher eine relativ nutzlose Zier sind. Die standortfremden Gehölze bringen für die Tierwelt zuwenig zum Leben und zuviel zum Sterben. Nehmen wir beispielsweise die wunderschöne Forsythie: Im April entfachen ihre Blüten ein gelbgoldenes Feuer. Doch diese Pracht lockt nur, ohne das Versprechen zu erfüllen. Alle anfliegenden Nachtschmetterlinge, Hummeln, Honig- und Wildbienen müssen mit hungrigen Mägen abdrehen. Die Forsythie sieht leider nur schön aus. Sie bietet weder Pollen noch Nektar, ist für alle Blütenbesucher also völlig wertlos. Und wo keine fruchtbare Blüte sitzt, kann auch keine eßbare Frucht heranwachsen, die als Vogelfutter dienen könnte. Auch Rhododendren und Azaleen, Zierkirschen und Rotdorn liefern keine freßbaren Früchte.

TIP: Verzichten Sie auf gefüllte Blüten im Garten, denn sie liefern weder Pollen noch Nektar.

Exotenfrüchte ohne Abnehmer
Selbst für den Fall, es gäbe Früchte am Zierstrauch, so heißt das nicht, daß auch die Nachfrage groß wäre. Weigelie und Essigbaum, Deutzie und der häufig ge-

Fruchthacker: Hier waren Grünfinken am Werk. Hagebutten von Wildrosen sind natürliches Winterfutter.

pflanzte Feuerdorn sind denkbar schlechte Futterpflanzen. Nur einige Vogelarten akzeptieren ihre Früchte. Ähnliches gilt für Purpurapfel, Kirschlorbeer und Chinesischen Wacholder. Auch mit Zuchtformen wie Gelbholzigem Hartriegel oder Thunbergs Berberitze sind Gartenbewohner schlecht beraten.

Leckeres für unsere Vögel

Wechseln wir den Vögeln zuliebe das Angebot und präsentieren unserer Natur Wildrosen und Wildsträucher, stoßen wir auf ungeteilte Zustimmung. Bei der Hitparade der Wildsträucher führt die Vogelbeere mit 63 besuchenden Vogelarten, dicht gefolgt vom Schwarzen Holunder mit 62 Arten.
Auch die Hagebutten der heimischen Wildrosen werden heiß geliebt: Nicht weniger als 27 Vogelarten hacken sie klein und verspeisen entweder das Fruchtfleisch oder die Samen. Kurzum: Hinsichtlich der Nahrungsofferte schneiden heimische Wildsträucher im Vergleich zu ihren exotischen Verwandten fast ausnahmslos besser ab. Nur die Kanadische Felsenbirne ernährt gleich viele Vogelarten wie die heimische Gewöhnliche Felsenbirne. Ansonsten füttern hiesige Wildsträucher im Schnitt sechsmal mehr Vögel als exotische Gehölze. Damit ist klar: Aus Sicht des Naturfreundes, aus Sicht jedes Vogelauges sind Wildsträucher einfach die bessere Wahl.

BEI VÖGELN BELIEBT – DIE FRÜCHTE HEIMISCHER GEHÖLZE

Heimisches Gehölz		**Vogelarten**	**Exotisches Gehölz mit heimischer Verwandtschaft**	**Vogelarten**
Felsenbirnen:	Gemeine Felsenbirne	21	Kanadische Felsenbirne	21
Berberitze:	Gemeine Berberitze	19	Thunbergs Berberitze	7
Hartriegel:	Roter Hartriegel Kornelkirsche	24 15	Weißer Hartriegel Gelbholziger Hartriegel	8 2
Weißdorn:	Eingriffeliger Weißdorn	32	Lavalls Weißdorn	3
Wacholder:	Gemeiner Wacholder	43	Chinesischer Wacholder	1
Heckenkirschen:	Schwarze Heckenkirsche Blaue Heckenkirsche Waldgeißblatt Rote Heckenkirsche	14 10 10 8	Tatarische Heckenkirsche	7
Apfel:	Wildapfel	19	Beerenapfel Toringoapfel	4 3
Kirschen:	Vogelkirsche Gemeine Traubenkirsche Schlehe	48 24 20	Kaukasus-Kirschlorbeer Portugal-Kirschlorbeer	3 2
Vogelbeeren:	Vogelbeere	63	Bastardmehlbeere	4
			Exotisches Gehölz ohne heimische Verwandtschaft	
			Gleditschie, Feuerdorn	4
			Flügelnuß	3
			Essigbaum, Trompetenbaum	2
			Forsythie, Rhododendron, Azaleen	0
Durchschnitt		**24**		**4**

Schwebfliege: Heimische Berberitze als Überlebensmittel

PARADIES FÜR ALLES, WAS KREUCHT UND FLEUCHT

Wenn wir Menschen hungrig sind, brauchen wir nur den Kühlschrank zu öffnen und uns daraus ein Essen zuzubereiten. Für eine Schmetterlingsraupe ist das nicht so einfach. Für sie gibt es keinen gut gefüllten Kühlschrank. Sie ist auf Wildpflanzen angewiesen. Und die stehen hoffentlich im Garten. Sonst sieht es für sie als Blattfresser nämlich düster aus.
Nicht nur Raupen, sondern auch Blattwespen und Blattkäfer nagen an dem Grün. Das ergibt dann so hübsche kleine Löcher oder Einbuchtungen am Blattrand. Wieder andere Insekten laben sich am Saft der wilden Sträucher, raspeln ein wenig Rinde oder kosten vom Mark. Das macht den heimischen Sträuchern gar nichts aus. Ganz im Gegenteil: Sie haben sich an ihre Pflanzenfresser angepaßt und gelernt, sich darauf einzustellen - seit Jahrtausenden. Doch für die Pflanzenfresser sind die Wildsträucher lebensnotwendig, denn viele Insekten haben sich auf ganz bestimmte Wildgehölze spezialisiert.

Wildrosen als Insektenmagnet

Am Beispiel der Wildrosenarten zeigt sich die immense Bedeutung heimischer Sträucher im Garten. Sage und schreibe 103 Insektenarten nutzen unsere Wildrosen als Futterplatz - darunter Blattwespen, Kleinschmetterlinge und Käfer.
Neben den Blattfressern, Stengelbohrern und Holznutzern bieten auch die Blüten der Wildsträucher Nahrung feil. Während die Larven der Schwebfliege die Blattlausscharen an den Wildrosen in Schach halten, laben sich die gelb-schwarzgestreiften Schwebfliegen an Blütennektar und Pollen. Und wer wollte einem so schönen Tagschmetterling wie dem Schwalbenschwanz den süßen Saft verwehren?

Wildfruchtiges frisch aus dem Naturgarten

Lange nach Großmutters Zeiten hat auch die Haute

Ob als unsteter Blütenbesucher oder futternde Raupen: Viele unserer Schmetterlinge brauchen heimische Gehölze.

Guten Appetit: Vogelbeeren sind gekocht weder giftig noch ungenießbar. Ganz im Gegenteil: Sie ergeben ein vorzügliches Gelee.

Cuisine den Wert hiesiger Wildfrüchte entdeckt. Als Aperitif bietet sie Holunderblütensekt. Wie wäre es mit einem Hagebuttenmus à la carte? Außerdem hätten wir einen deliziösen Kornelkirschensirup, passend zur Rotwildlende. Und dazu vielleicht ein edler Hagebuttenwein. Als Dessert Naturjoghurt mit vitaminreicher Sanddorncreme und zum Abschluß ein Schnäpschen – z. B. Schlehengeist.
Doch nicht nur im Drei-Sterne-Restaurant wird man fündig: Die alten Kochbücher sind plötzlich topaktuell. Was Großmutters Küchengeist betrifft, er schwebt heute wieder überall. Zu Recht: Der leicht herbe Geschmack von Vogelbeergelee beispielsweise ist durch nichts zu übertreffen. Nicht zu süß und nicht zu sauer – genau richtig als Brotaufstrich oder als Beilage für Fleischspezialitäten.
Vergessen wir dabei nicht die Hausapotheke, die bei uns am Gartenzaun steht: Holunder als Fiebermittel und gegen Erkältung ist immer noch unübertroffen. Und Weißdornpräparate stärken das Herz bekanntlich in vielfacher Form. Der Tee aus Wildrosenhagebutten schmeckt fruchtig und ist gesund. Gute und viele Gründe also für Wildsträucher vor der eigenen Haustür.

VOGELBEERGELEE VOM FEINSTEN

Im September ist die Reifezeit der Vogelbeere. Sie bringt ein vorzügliches Wildfruchtgelee auf den Tisch, und die Herstellung ist denkbar einfach. Man kocht vollreife, gewaschene Vogelbeeren im Dampfentsafter weich. Da die Früchte nicht viel Saft ergeben, pro Entsafterfüllung 1–2 Liter Wasser dazugeben, die Früchte im Wasser ziehen lassen und als Ganzes entsaften. Den Saft mit Gelierzucker wie normales Fruchtgelee im Verhältnis 1:1 aufkochen lassen, in Gläser abfüllen. Wohl bekomm´s!

DEKOSTRÄUCHER

Was gibt es Schöneres als die natürliche Anmut einer Wildrose? Ungefüllte Blüten, gekrönt von pastellfarbenen Blütenblättern, mittig das pollengelbe Zentrum, und alles eingehüllt in honigsüßen Duft. Die im Vergleich zu Hochzuchtrosen kürzere Blütezeit machen die heimischen Vertreter durch Fruchtbarkeit wett. Wenn woanders aufgrund gefüllter Blüten ein Fruchtschmuck fehlt und allenfalls mehltauüberzogene Blätter dahingilben, leuchten an unseren Wildrosen prächtige Hagebutten in den Farben des Herbstes: Orange, Blutrot, Feuerrot, Rotbraun bis hin zum Schwarz sind die Fruchtfarben der Saison. So betrachtet, läßt sich gegen eine Wildrosenhecke, eine Buschgruppe oder auch einen einzelnen Strauch nichts sagen. Das ist einfach ein Gewinn. Größe und Wuchsform können zwar ein Hindernis sein, aber zum einen lassen sich alle heimischen Wildrosen radikal zurück- und damit auch in Form schneiden, zum anderen gibt es gerade unter den heimischen Vertretern auch etliche klein- und niedrigwüchsige Arten.
Was für Wildrosen gilt, steht auch vielen anderen Wildsträuchern gut an: Hier existieren viele wunderschöne Arten, die einzelnstehend, als Buschgruppe oder in der Heckengemeinschaft prachtvolle Exemplare abgeben. Wir dürfen und können ihnen ruhig Ehre erweisen und sie verstärkt pflanzen.

Kriechrose und Wilder Wein erobern eine Hauswand

TIP: Besonders die kleinwüchsigen Wildrosen eignen sich gut für den Einzelstand.

Fassadenschmuck

Grüne Wände sind schöne Wände. Kletternde Wildsträucher wie Wilder Wein und Efeu, Waldgeißblatt und Waldrebe verkleiden aber nicht nur häßliche Fassaden. Sie sind darüber hinaus auch ein ökologischer Gewinn. Einerseits fangen sie Staub und Dreck aus der Luft, andererseits produzieren sie lebenswichtigen Sauerstoff. Und wie nebenbei schützen sie die Hauswand vor schädlichen Witterungsextremen und tragen so zu ihrer längeren Haltbarkeit bei. Nicht zu vergessen: Fassadengrün bringt in vertikaler Form zusätzlichen Lebensraum. Je nach Begrünungspflanze benötigt man eine Kletterhilfe oder nicht. Selbstklimmer wie Wilder Wein und der immergrüne Efeu kommen ohne solche Rankgerüste aus. Waldreben und die Geißblattarten benötigen hingegen Klettergerüste aus Draht, Seilen oder Holz.

Rauhblättrige Rose als schmucker Einzelstrauch

Tierleben
Eines der wichtigsten Argumente für heimische Wildrosen und Wildsträucher ist das automatisch einkehrende Tierleben. Wer Wildsträucher pflanzt, wird Schmetterlinge und Vögel ernten! Da der Platz im Garten begrenzt ist, lohnt es sich, vorher zu überlegen, welche Tierarten oder Tiergruppen bevorzugt mit bestimmten Wildstraucharten gefördert werden sollen. In eine **Vogelfutterhecke** gehören attraktive Arten der Wildrosen, Weißdorn, Vogelbeere, Schwarzer und Roter Holunder. Auch Roter Hartriegel und Pfaffenhütchen sind unter den Geschnäbelten sehr beliebt. In eine **Vogelschutzhecke** sollten vor allem dornige, undurchdringliche Arten kommen, damit Katzen und anderen Räubern der Zugang versperrt bleibt. Dafür bieten sich Wildrosen, Weißdorn, Schlehe, Wildbirne, Kreuzdorn und Sanddorn an.
Auch **Säugetiere** lassen sich mit bestimmten Gehölzarten anlocken. Ganz oben auf ihrer Beliebtheitsskala stehen Wildapfel und Wildbirne, aber auch Haselnuß, Kornelkirsche und Schlehe. Selbst mit Weißdorn und Rotem Hartriegel hat man noch guten Erfolg. Stehen einem Hummeln und Schmetterlinge, Blattwespen und Bockkäfer im Sinn, sollte man hochwertige **Insektensträucher** pflanzen. Dazu zählen: Weißdorn, Schlehe, Wildrosen, Waldhasel, Heckenkirsche, Roter Hartriegel, Pfaffenhütchen und Vogelbeere. Zielt man speziell auf Wildbienen ab, gehören Arten wie Schlehe, Weiden, Wildapfel und Wildrosen gepflanzt. Als wertvolle **Schmetterlingsfuttersträucher** gelten neben dem nektarspendenden Sommerflieder vor allem Arten, von denen sich die Raupen ernähren. Das sind etwa Wildrosen, Weißdorn, Heckenkirsche, Haselnuß und Weiden.

WILDFRÜCHTE ZUM EIGENEN NUTZEN

Wenn Sie einmal heimische Wildsträucher gepflanzt haben und nutzen möchten, treten Sie als Konkurrent der tierischen Nutzer auf. Daß man in solchen Fällen zuweilen schnell sein muß, werden Sie bald merken. Ein Praxisbeispiel: Viele Leute kennen und erkennen den Roten Holunder deswegen nicht, weil sie nie seine Früchte sehen. Die sind zwar korallenrot und wunderschön, aber in Null Komma nichts von Vögeln vernascht. In der Natur finden sich selten Rote Holunder, an denen länger als zwei Wochen reife Früchte hängen: Immerhin 47 Vogelarten finden sie sehr schmackhaft – hinzu käme der Mensch. Ein Gelee oder Mus aus den entkernten Beeren ist von vorzüglicher Art.
In die **Wildfruchthecke** zum eigenen Gebrauch passen noch eine Reihe anderer Arten. Ganz oben steht der Schwarze Holunder, der für die Küche einer der vielseitigsten heimischen Sträucher ist. Auch die Vogelbeere sollte nicht fehlen, über die sich auch die 63 darauf angewiesenen Vogelarten freuen. Für die kalte Jahreszeit lohnt sich ein kleiner Vorrat mit eigenen Haselnüssen – natürlich vom Wildstrauch.

Blühende Vogelbeere mit Hang zum Größeren

Raumteilung: Blütenwunder Schwarzer Geißklee

Und wer jemals die köstlichen Kornelkirschen probiert hat, wird ihr leicht saures Aroma nicht mehr missen mögen. Bleiben wir beim Säuerlich-Aromatischen, kommen blaubereifte Schlehen in den Sinn. Wenn sie auch erst nach dem ersten Frost bekömmlicher und süßer schmecken, so sind sie für die Fruchtweinzubereitung oder für verschiedene hochprozentige Alkoholika nicht zu verachten. Auch die Hagebutten sollten wir nicht vergessen. Im Grunde sind alle in der Küche verwertbar, auch die ganz kleinen Hagebutten von Zimtrose und Kleinblütiger Rose. Doch eignen sich solche Arten eher für die Fruchtweinbereitung, da man hier die Fruchtschale nicht von den Samen trennen muß. Geht es um so köstliche Dinge wie Mus oder Marmelade, so verwendet man allein die Schale, nimmt also besser großfruchtige Arten. Hundsrose, Weinrose, Blaugrüne Rose und Apfelrose sind geeignet. Beim Thema Wildfrüchte darf die Gemeine Berberitze nicht fehlen. Ihre süßsauren Früchte sind zwar klein und dadurch mühsam zu ernten. Doch wer einmal einen Berberitzenpudding probiert hat, weiß der Mühe Lohn!

Sichtschutz

Laubabwerfende Wildsträucher geben Sichtschutz in den Jahreszeiten, in denen man ihn auch am dringendsten benötigt. Vom Frühling bis in den frühen Herbst hinein bilden ihre Blätter eine dichte grüne Wand. Auch einzelnstehende Pflanzen können dies leisten und müssen dabei nicht einmal riesengroß werden. Die Rote Heckenkirsche eignet sich ideal für kleinere Sichtschutzpflanzungen. Schon ein Strauch bietet durch sein dichtes grünes Blattwerk eine gewisse Geborgenheit. Ebenso die ausläufertreibenden Wildrosenarten, z. B. die Zimtrose oder die Bibernellrose, beide als frühblühende Arten gern gesehen. Im Laufe weniger Jahre bilden sie undurchdringliche Dickichte von maximal anderthalb Meter Höhe.

TIP: Setzt man Strächerhecken auf einen kleinen Wall von etwa 50 bis 100 cm Höhe, bringen sie noch besseren Sichtschutz – vor allem im Winter.

Wer mehr Sichtschutz wünscht, braucht freilich mehr Platz: Eine Hecke steht für viele Menschen immer dann an, wenn eine dichte und dauerhafte Abgrenzung gefunden werden soll. Wildsträucherhecken aus verschiedenen Arten können diese Funktion übernehmen. Sie lassen sich einreihig im Meterabstand pflanzen, wofür etwa zwei Meter Breite benötigt werden. Dichter und undurchdringlicher werden aber zwei- und dreireihig versetzt gepflanzte Hecken, die allerdings auch eine Breite von drei bis vier Metern erreichen. Mit immergrünen Arten tut sich die Natur unserer Breiten etwas schwer. Hier stehen nur Eibe, Buchsbaum, Efeu und Liguster zur Verfügung. Solche Arten kann man in die Hecke integrieren. Die Erfahrung zeigt jedoch, daß der Sichtschutz in vielen Fällen in der kalten, blattlosen Jahreszeit gar nicht von so großer Bedeutung ist.

Lärmschutz

Was gegen neugierige Augen hilft, sorgt auch für Ruhe. Eine mehrreihige Hecke, bei der die Sträucher jeweils in die Lücken der vorherigen Reihe gepflanzt werden, hält viel Lärm ab. Das gilt sogar im Winter, vorausgesetzt, die Hecke ist dicht verwachsen. Die Pflanzung auf einem halbmeterhohen Wall schirmt zusätzlich ab. Notfalls ergänzen einige immergrüne heimische Sträucher (siehe „Sichtschutz", S. 12) das Artenspektrum. Sehr schöne und auch im Winter dichte Lärmschutzwände ergeben übrigens miteinander verflochtene Triebe heimischer Weidenarten. Solche lebendigen Flechtzäune haben zudem den Vorteil, daß sie im Vergleich zur mehrreihigen Wildsträucherhecke nur ein bis zwei Meter Platz brauchen. Überstehende Triebe werden jeweils eingekürzt.

Raumteilung

Ein zentrales Gestaltungsprinzip nicht nur von Naturgärten sagt, je kleiner das Grundstück, um so mehr muß es in Einzelräume unterteilt werden. Dazu eignen sich Wildrosen und Wildsträucher hervorragend. An die richtigen Stellen gepflanzt, schaffen sie die gewünschte Raumtiefe. Solitärsträucher oder Buschgruppen können Gartenteile voneinander trennen. Ideal eignen sich dekorative Arten als markantes optisches und gleichzeitig führendes Element entlang sich schlängelnder Wege durch den Garten. Sie geben einem kurvenreichen Weg einen Sinn und verhindern Abkürzungen querbeet.

Duftes Plätzchen: Waldgeißblatt als Einrahmung für eine nasenbetörende Abendstunde

WILDBLUMENZWIEBELN UND -KNOLLEN IN UND VOR DER HECKE

Art	Blütenfarbe	Blütemonat	Höhe (cm)
Allium ursinum Bärlauch	weiß	5–6	20–50
Anemone nemorosa Weißes Buschwindröschen	weiß	3–5	10–30
Anemone ranunculoides Gelbes Windröschen	gelb	3–5	15–30
Corydalis cava Hohler Lerchensporn	rosa, weiß	3–5	15–30
Crocus vernus Frühlingskrokus	weiß, violett	3–5	8–10
Cyclamen purpurascens Alpenveilchen	rotviolett	6–11	5–20
Eranthis hyemalis Winterling	gelb	1–3	5–10
Galanthus nivalis Schneeglöckchen	weiß	2–4	10–20
Hepatica nobilis Leberblümchen	blauviolett	3–5	5–20
Hesperis matronalis Nachtviole	lila	5–7	30–80
Leucojum vernum Märzenbecher	weißgrün	2–4	10–30
Ornithogalum umbellatum Doldenmilchstern	weiß	4–6	10–20
Scilla sibirica Sibirischer Blaustern	azurblau	3–4	10–20

WILDBLUMEN FÜR HECKE UND SAUM

Wie wundervoll wirkt im Frühling ein bunter Blütenteppich inmitten der Heckensträucher. Weiße Buschwindröschen wetteifern mit Schneeglöckchen um den besten Platz. Dazwischen finden sich hellgelbe Schlüsselblumen und Krokusse, rosagefärbter Lerchensporn und die Glöckchen von Märzenbechern. Später erobern Milchsterne den Standort. Nicht weniger anmutig ist der blühende Heckenrand im Hochsommer, mit gelbem Tüpfeljohanniskraut, rosaroten Moschusmalven und blauen Ackerglockenblumen.

Ökologische Einheit

Ob Frühblüher oder Sommerblüher, die heimischen Wildblumen und die Wildsträucher bilden eine untrennbar verbundene ökologische Einheit. Sie gehören zusammen und sollten auch miteinander angelegt werden. Die Wildblumen einer Hecke und der vorgelagerte Saum kommen nämlich nicht von allein. Die Praxis zeigt: Eigenständig wandern nur die Arten herbei, die im unmittelbaren Umland bereits häufig wachsen. Das sind, im Zweifelsfall, Gras, Klee, Disteln und sogar Brennesseln – nicht gerade heißgeliebte Gartenpflanzen. Wildpflanzen breiten sich in der Natur nur über wenige Meter aus.
Als logische Konsequenz müssen wir schon während der Pflanzung der Hecke für

Wildblumenbegleiter für die Wildsträucherhecke: Rosa Nachtviolen verschönern den Heckenrand im April und Mai.

Bildschöne Gehölzunterpflanzung: Gelbe Windröschen als frühblühender Bodendecker

Blütenteppich: Weiße Buschwindröschen verschönern den Vorfrühling im April.

das passende Spektrum an Wildblumen sorgen. Das geschieht mit Hilfe von drei in der Naturgartenpraxis gut bewährten Methoden:

▶ **Wildstaudenpflanzung:** Die passenden Wildstauden werden gleichzeitig mit der Strauchpflanzung gekauft und kurz danach eingesetzt. Man rechnet hier fünf bis acht Wildstauden pro Quadratmeter. In der ersten Zeit muß man Konkurrenzkräuter noch öfters jäten, damit die gewünschten Stauden aussamen und sich verbreiten können. Stimmt die Bepflanzung, bildet sich in wenigen Jahren ein dichter Blütenteppich. Er wird je nach Arten maximal ein- bis zweimal im Jahr gemäht. Produzenten für Wildpflanzen (siehe Adressen, S. 60) halten entsprechende Arten bereit.

▶ **Wildstaudenansaat:** Ist der Boden zwischen und vor den Heckensträuchern offen, empfiehlt sich eine Ansaat der Arten. Wildsamenproduzenten haben entsprechende Mischungen für magere, fette und feuchte Standorte entwickelt. Diese Wildblumen für die Hecke sät man wie eine Blumenwiese aus. 1-2 g/m² reichen bei einer guten Mischung mit garantiert heimischen Wildblumen aus. So blüht es schon im ersten Jahr kunterbunt. Die Sträucherpflanzung entwickelt sich trotzdem.

▶ **Wildblumenzwiebeln** und **-knollen** werden am besten im Herbst zwischen und vor die Strauchpflanzung gesteckt. Je nach Art benötigt man 10-20 Stück auf einen Quadratmeter Fläche. Nur so entwickelt sich ein dichter Teppich aus Frühblühern.

TIP: Wer es sich ganz einfach machen möchte, bezieht fertig zusammengestellte Pflanzenpakete mit einem bunten Gemisch passender Arten.

Bodendeckender Einzelstrauch: Kriechrose

Praxisbeispiele

Hecken in allen Ecken

Es soll ein dekorativer Einzelstrauch sein? Oder lieber Büsche zur Abschirmung? Sie haben nur wenig Platz, höchstens für Kleingehölze? Es ist schattig? Und dazwischen blühen soll es? Alles kein Problem. Hier finden Sie die richtigen Tips und Sträucher. Für jeden Zweck, an jedem Eck.

Abschirmung und Lärmschutz: Wildsträucherhecke

Wildsträucher heimischer Natur gibt es für alle Gelegenheiten. Wer Platz hat, schafft sich eine dichte Hekke, bunt gemischt aus ein bis zwei Dutzend Arten. Vielleicht sogar leicht erhöht auf einem Wall? In kleine Gärten passen eher Kleinsträucher. Es gibt viele niedrigwüchsige Wildrosen und Zwergformen von Großgehölzen. Sogar bodendeckende Wildrosen finden sich. Keine Strauchpflanzung ohne passenden Unterwuchs: Bunte Stauden, Zwiebeln und Knollen verschönern das Jahr, und der Frühling ist besonders prachtvoll.

Buschgruppe mit Frühblühern: Ein kunterbunter Blütenflor Mitte April aus allerlei heimischen Knollen und Zwiebeln im Wettstreit um Wuchsraum und Schönheit

Blaue Anemone und Hohe Schlüsselblume als praxiserprobte Kombination für die Hecke

Kleingehölz und Großstaude in Harmonie: Gelber Färberginster und rosa Heidenelke

FÜR LIEBHABER & CO.

Für Fans wilder Sträucher gibt es viele Möglichkeiten, **Einzelsträucher** im Garten unterzubringen. Man präsentiert den Strauch in seiner typischen Gestalt und Wuchsform, er kann sich im freien Wuchs entfalten, ohne von Hecken- oder Buschnachbarn behindert zu werden. So betrachtet, wird jeder Wildstrauch in Ihrem Garten zum Unikat, zur einzigartigen Pflanze. Die Wahl des/der richtigen fällt dabei ziemlich schwer, gehen wir dabei nur von der Ästhetik aus. Nimmt man eine duftende Weinrose? Oder wählen wir lieber die Berberitze, deren gelbe Blütenkaskaden uns den Mai mit Honigduft versüßen? Als Schmetterlingsfan kommen wir leicht in Versuchung, den traumhaft duftenden Sommerflieder zu pflanzen.
Neben reinen ästhetischen Gesichtspunkten kann auch eine besondere **Funktion** dazu führen, einen bestimmten Einzelstrauch auszuwählen. Am Komposthaufen macht sich ein Schwarzer Holunder gut. Er nimmt Nährstoffe auf, verwandelt sie in Blütensekt und Hollergelee und spendet durch mächtige überhängende Zweige auch den nötigen Schatten, so daß der Kompost feucht und fruchtbar bleibt.

Schwarzer Holunder: Gibt dem Kompostplatz den nötigen Rahmen. Zaubert aus Nährstoffen eßbare Blüten und Beeren.

Weinrose: Eine Symphonie aus Duft, Eleganz und Natur

Das dritte Argument für Einzelsträucher statt ausladender Heckenstreifen bekommt Gewicht bei heutigen, meist eher kleinen Grundstücksgrößen. Vielleicht paßt nur ein üppiger Großstrauch wie die Blaugrüne Rose. Daneben aber haben gewiß noch etliche Kleinsträucher Platz. Man denke an den überaus attraktiven Schwarzen Ginster. Auch Zwergmandel

und Kopfginster sind nicht zu verachten. Kleinere Wildrosen wie Essigrosen machen sich hier gleichfalls gut. Sie lassen sich mit der bodendeckenden Kriechrose ergänzen. Freilich wäre eine Alpenwaldrebe genausowenig ein Aschenputtel. Ein vierter Grund für Einzelsträucher ist die **Betonung** von markanten Punkten im Garten. So passen Einzelsträucher an Wegverzweigungen. Oder sie lenken unsere Schritte, indem sie verhindern, an dieser Stelle vom Weg abzuweichen. Wenn wir Einzelsträucher auswählen, tun wir das gezielt, da uns die Wuchsform zusagt oder die Blütenfülle oder der Fruchtschmuck. Sicht- und Windschutz geben Einzelsträucher nur wenig. **Buschgruppen** sind in dieser Hinsicht wirksamer. Mit zwei oder drei zusammenstehenden Wildsträuchern können wir schon gute räumliche Effekte erzielen.
Mit Buschgruppen lassen sich Gärten räumlich unterteilen. Indem sie die Sicht auf weitere Gartenteile verstellen, machen sie das persönliche Raumerlebnis größer. Ein mit Buschgruppen und Beeten untergliederter Garten wirkt optisch wesentlich größer als eine gleich große Rasenfläche im englischen Stil. Machen wir uns die optische Täuschung positiv zunutze und pflanzen einige Buschgruppen. Welche Arten wir dabei berücksichtigen, hängt wiederum von den gegebenen Möglichkeiten ab. Große, hohe Buschgruppen, die zwei bis drei Höhenmeter überschreiten, brauchen Platz. Sie passen in größere Gärten, während auf kleineren Flächen maximal mannshohe Büsche besser wirken. Bei der Zusammensetzung der Arten orientieren wir uns an Boden und Standort. Die Kombination der Arten fällt leichter, wenn wir uns vorstellen, daß Buschgruppen der natürliche Ausschnitt einer größeren Hecke sind. Buschgruppen können aus einer oder mehreren Arten bestehen – in Wuchs und Höhengliederung ergeben letztere ein schönes Bild (siehe Extra, S. 63/64).

Schmetterlingsmagnet Sommerflieder

TIP: Je kleiner ein Garten ist, desto mehr helfen Buschgruppen, diesen räumlich etwas zu vergrößern. Die einzelnen Teile lassen das Ganze größer erscheinen.

Schönheitskönigin Essigrose: nur einen halben Meter hoch

Mächtiger Blickfang: Pfaffenhütchen in der großen Hecke. Ab September leuchtet es, so weit das Auge reicht.

SCHUTZ UND SEGEN FÜR HAUS UND HOF

Platz dem, wem Platz gebührt. Wer eine große Wildsträucherhecke pflanzen will, darf nicht kleckern. Bei Pflanzabständen von ein bis eineinhalb Metern und mindestens zwei Reihen addieren sich allein dadurch zwei bis drei Meter Heckenbreite. Für den Wildblumensaum rechnet man weitere ein bis zwei Meter. Macht also, je nach Arten und Pflanzabstand, eine Heckenbreite von drei bis fünf Metern. Wer so viel Raum aufwenden kann, dem steht allerdings auch etwas Ansehnliches ins Haus.
Große Wildsträucherhecken sind imposante Abstandshalter zum Nachbarn. Der undurchdringliche Gehölzstreifen verwehrt Zutritt, Blick und Lärm. Gleichzeitig wird die Großhecke, etwa am Ortsrand, ein markantes Landschaftselement - Garten und Flur gehen ineinander über. Die Artenliste dieses Heckentyps (s. S. 63/64) enthält viele großwüchsige Arten. Dazu gehören **Wildapfel**, **Hundsrose** und **Schwarzer Holunder** oder das hübsche **Pfaffenhütchen**. Hier ist auch Platz für baumartige Wildsträucher: **Vogelkirsche** und **Vogelbeere** oder eine kräftige **Wildbirne** runden das Bild ab.
In die große Wildsträucherhecke gehören viele wunderschöne Arten, die teilweise sogar selten geworden sind. So etwa die **Gewöhnliche Berberitze**, ein Dornenstrauch mit gelben Blüten im Mai und eßbaren feuerroten Früchten ab September. Auch so aparte Frühblüher wie die **Kornelkirsche**, die schon ab Februar Wildbienen und Honigbienen anlockt, passen hier hinein. Vergißt man Schwarzen Holunder und die Vogelbeere nicht, kann jede große Wildsträucherhecke auch ein Stück Wildfruchthecke (vgl. S. 14/15) sein.

NACHBARSCHAFTSPROBLEME

Vorweg: Besser als der trennende Zaun ist die verbindende Hecke auf der Grundstücksgrenze. So geht keinem Platz verloren. Außerdem kann man sich die Kosten für die Pflanzen teilen. Dieser lebendige Grenzzaun ist wesentlich billiger als Maschendraht- oder Holzzaun. Außerdem geht das Pflanzen schneller als Pfostenbetonieren und Zaunbau. Doch wenn es dem lieben Nachbarn nicht gefällt, muß man sich an die landesüblichen Grenzabstände halten. Bei Gehölzen über zwei Meter Wuchshöhe sind das in der Regel zwei Meter, bei kleineren Arten darf man näher heran. Wie nahe, sagen Gemeinde- oder Stadtverwaltung. Anruf genügt.

Langsamwüchsigen **Weißdorn** und die **Kornelkirsche** pflanzt man am besten in Kleingruppen von drei bis fünf Individuen zusammen, damit sie sich in der Hecke behaupten. Wuchsstarke kommen auch einzeln durch. In jedem Fall aber sollte der Pflanzabstand bei großen Arten 1,5 Meter betragen. Wer eine große Wildsträucherhecke pflanzt, muß freilich nicht nur große Arten wählen. Aus ästhetischen und ökologischen Gründen dürfen ruhig auch kleinere Arten eingebracht werden, etwa solche der kleinen Wildsträucherhecke (S. 22/23) oder der Wildrosenhecke (S. 24/25). Sie eignen sich z. B. als Vorpflanzung. Werden die kleineren Arten ebenfalls zu dritt oder mehr pro Art gesetzt, bilden sie sogar ganze Abschnitte inmitten der Hecke. Dann ergeben sich niedrigere und höhere Bereiche. Die Hecke ist abwechslungsreich gestuft.

Jeder, der die große Wildsträucherhecke gepflanzt hat, wird bald merken, welchen Beitrag zum Naturschutz er geliefert hat. Vom Frühling bis zum Herbst, ja, sogar im Winter turnen Vögel darin herum. Die große Hecke lebt übers ganze Jahr.

Augenschmaus und Duftorgie: Wilde Berberitze im Mai

Braucht Platz – ausgewachsene Wildbirne

Wildapfelblüten: So verwandt und doch unbekannt

TIP: In die Mitte einer Hecke gepflanzt, nehmen Bäume nicht viel Platz weg. Da sie ihre Krone erst oberhalb der anderen Heckensträucher entfalten, stellen sie keine Konkurrenz für die kleineren Arten dar.

DICHT, ABER NICHT ZU GROSS

Grundstücksgrößen über 1000 Quadratmeter sind in heutiger Zeit eher die Ausnahme. So wird man in der Regel die Naturhecke weniger breit, ausladend und hoch planen können. Die **kleine Wildsträucherhecke** steht hier recht am Platz. Sie stellt einen gelungenen Kompromiß zwischen der raumgreifenden Großhecke und den platzsparenden Kleinsträuchern dar, ebenfalls Geborgenheit und Abgeschiedenheit vermittelnd. Die kleine Hecke wächst etwa einen bis zwei Meter hoch. Sie wird einreihig im Meterabstand gepflanzt und braucht hierfür eine Breite von zwei Metern, bei zweireihiger Pflanzung etwa 2,5 Meter. Hier dürfen die Pflanzabstände allerdings wieder 1,5 Meter betragen. Rechnet man noch einen Streifen Wildblumensaum hinzu, nimmt unser Kleinheckenbiotop zwischen drei und vier Meter Breite ein. Gegner heimischer Wildsträucher argumentieren, für solche großwüchsigen Arten sei kein Platz in heutigen Grundstücken. Das mag für die große Wildsträucherhecke gelten, doch auch nur bedingt, kann man doch auch solche hochwüchsigen und breiten Arten stark zurückschneiden (s. S. 42/43). Ganz bestimmt trifft dies nicht zu für unsere kleineren Wildsträucher.
Auch die heimische Natur kennt zahlreiche kleinere Wildsträucher, die nicht einmal mannshoch werden oder nur wenig darüber. Ein besonders schöner, nicht hoher Heckenstrauch ist beispielsweise die **Rote Heckenkirsche**, die sich ideal für kleinere Gärten und Hecken eignet. Sowohl als Einzelstrauch als auch als Heckenpflanze macht sie sich durch ihr dichtgrünes Laub ganz hervorragend. Ihr Wuchs ist sehr feinästelig, statt weniger großer und langer Triebe bildet sie viele dünne weitverzweigte Äste aus. Wie kaum ein anderer Heckenstrauch paßt sie sogar an schattige Stellen. Zwar sind ihre glänzendroten Beeren, wie andere Ge-

Rote Heckenkirsche: Ein dichter Blättervorhang, hübsche rotglasierte Beeren, alles nicht zu groß. Was will man mehr?

wächse aus der Familie der Geißblätter, leicht giftig, doch tut das ihrer Pflanzung im Garten unter normalen Umständen keinen Abbruch.

Stichwort „giftig"
In jedem Gartengrün stehen giftige Pflanzen, ob heimisch oder nicht (Thuja, Eibe, Goldregen, Kastanie). Sogar schon ein Streifzug durch Mutters Gemüsebeet könnte Todesfolgen haben, weil dort mit der Kartoffel ein Vertreter der hochgiftigen Nachtschattengewächse wächst. In der Praxis kommt es bei Kindern durch sogenannte „Giftpflanzen" seit Jahrzehnten zu keinen nennenswerten Vergiftungsfällen. Die Früchte und Beeren schmecken so widerlich, daß keiner sie in genügend großer Menge verschluckt. Die Gefahren werden hier stark übertrieben, ganz im Gegensatz zu den Gefahren von Haushaltsreinigern.

Wildstaudenpflanzung vor kleiner Wildsträucherhecke

Feuerwerk in Sonnengelb: Schwarzer Geißklee zur Hochblüte

Weitere Kandidaten
...für niedrige Wildsträucherhecken sind **Himbeere**, die Wildformen von **Schwarzer und Roter Johannisbeere**, ferner **Alpenheckenkirsche** und **Schwarze Heckenkirsche**. Auch der **Wollige Schneeball** paßt in diese Lebensgemeinschaft.
Ein anderer sehr aparter Vertreter der niedrigen Wildsträucherhecke ist der **Schwarze Geißklee**. Diese Art ist durch Mitglieder des Naturgarten e.V. erst in den vergangenen Jahren in ihrer vorzüglichen Eignung für die Gartenpraxis wiederentdeckt und entsprechend in den Handel gebracht worden. Im „normalen Gartencenter" und in Baumschulen wird man sie dagegen allerdings vergeblich suchen.
Der Schwarze Geißklee ist ein echtes Blütenwunder. An einem Strauch bildet er Tausende von sonnengelben Schmetterlingsblüten. Sie können dann ein nicht zu übersehendes Blütenmeer bewundern. Und das über zwei Monate lang!
An Standorten mit magerem Boden paßt übrigens die **Gemeine Felsenbirne** gut in die kleine Sträucherhecke.
In eine niedrige Wildsträucherhecke gehören in jedem Fall auch Arten aus der niedrigen Wildrosenhecke. Im Schatten sind dies **Alpenheckenrose** und **Zimtrose**. An eher sonnigen Standorten wählen wir statt dessen **Rauhblättrige Rose**, **Bibernellrose** und **Lederrose**. Auch **Filz- und Apfelrose** fänden dort ein verwunschenes Plätzchen. An mageren Stellen steht der Hecke auch die **Rotblättrige Rose** gut zu Gesicht.

Dornröschens Schloßbewuchs: Blühender Hundsrosenbusch im Juni

Dornröschen immer noch im Tiefschlaf: Fruchtender Hundsrosenbusch im September

DORNRÖSCHENS TRAUMHECKE

Die Wunschhecke vieler Gartenbesitzer besteht aus Wildrosen. Zu Recht: Die heimischen Arten sind nicht anfällig gegen die Rosenschädlinge oder Pilze, die „moderne" Rosen zugrunderichten. Wildrosen sind billig und pflegeleicht. Sie sind ein Tierparadies und vereinen den Vorteil wunderbarer Blüte mit bildschönen Hagebuttenfrüchten.
Beginnen wir zunächst mit den kleineren Arten, da hierfür mehr Gartentüren offenstehen. Ideal für den Halbschatten und Schatten ist die **Zimtrose**. Durch ihre Ausläufer bildet sie dichte Gebüsche. Auch die **Alpenheckenrose** gedeiht hier noch zuverlässig (beide Arten wachsen auch an sonnigen Plätzen, so wie die meisten Wildrosen). Ebenfalls ausläuferbildend und deshalb von unten her dicht werdend ist die **Bibernellrose** mit ihren weißen Blüten im Mai und den schwarzen Hagebutten im August. In die niedrige Wildrosenhecke gehört außerdem die wunderschöne weißrosa blühende **Filzrose** mit ihren samtig weichen Blättern. Sie wird kaum über anderthalb Meter hoch. Im Reigen der schönen Wilden sollte schließlich die **Apfelrose** nicht fehlen, schon wegen ihrer beeindruckend großen Hagebutten. Und wer die **Rauhblättrige Rose** vergißt, verliert eine der anmutigsten Wildrosen unserer Natur. So große und schöne Blüten bringen sonst nur die Zuchtformen.
Von der kleinen Wildrosenhecke zur großen vermittelt die **Weinrose**, die zwei bis drei Meter hoch wächst, um mit bogig überhängenden Trieben voller weißrosa Blüten zu überzeugen. Auch

ihre lange am Strauch hängenden Hagebutten, die bis in den Winter ihre Kelchblätter behalten, sind ein ästhetischer Reiz. Zu den Arten, die in eine große Wildrosenhecke gehören, zählt schließlich die bekannte **Hundsrose** mit den rosa oder weißen Blüten und den orangegelben Hagebutten ab September. Nicht vergessen sollte man die größerfruchtigere **Blaugrüne Rose**, deren starke Dornen ein Grundstück gegen Unholde absperren. Auch die **Kleinblütige Rose** ist der Rede wert, sie bildet mächtige armdicke Stämme aus. Außerdem kommt noch die hochwüchsige Buschrose in Frage, die das Artenspektrum abrundet.

Ein paar Worte zum Boden

Alle im Buch genannten Wildrosen wachsen auf normalen Gartenböden. Doch lieben vor allem die kleinwüchsigen Arten eher magere, sonnige Standorte. Kalk ist von Vorteil. Eine Ausnahme bilden die Halbschatten- und Schattenarten, die auch in Natur auf feuchten, nährstoffreichen Stellen vorkommen.
Der Pflanzabstand bei der einreihigen niedrigen Wildrosenhecke beträgt etwa ein Meter, bei zweireihiger Pflanzung 1,5 Meter. Ohne Schwierigkeiten kann man so eine acht Meter lange, aus sieben Arten bestehende, bunte Wildrosenhecke schaffen. Höherwüchsige Arten dürfen gleich mit 1,5 Meter Abstand gepflanzt werden.
Wildrosenhecken sind außerordentlich pflegeleicht: Zu große Büsche werden mehr oder weniger radikal gekürzt, sich zu weit hervorwagende Ausläufer einfach abgemäht.

TIP: Wärmeliebenden Wildrosen ist ein kiesiger oder felsiger Boden lieber als nährstoffreiche Standorte. Entsprechendes Material ins Pflanzloch geben.

Wildrosenhecke als Grenze – sieben Arten auf acht Meter: Weinrose, Zimtrose, Apfelrose, Bibernellrose etc.

Lebendiger Zaungast: Die hübsche Filzrose gehört zu den kleinwüchsigen Arten, die mit wenig Platz auskommen.

Einzelstrauch oder Buschgruppe? Filzrosen sind für beides keine schlechte Wahl. Traumhafte Blüte ganz in Weiß.

KLEIN, ABER FEIN

Ihr Garten besteht nur aus einer kleinen Fläche vor der Haustür und ist keine 30 Quadratmeter groß? Vor die hohe Wildsträucherhecke passen noch kleinere Sträucher? Sie möchten gern eine niedrige Hecke am Wegrand? Der Garten soll zwar unterteilt werden, aber nicht mit hohen Büschen? Sie suchen die richtige Pflanze für einen Trockenstandort?
Mit allen diesen Gestaltungswünschen liegen Sie mit den Kleingehölzen richtig. Sie bleiben in der Regel unter einem Meter Wuchshöhe, nur einige Arten gehen knapp darüber hinaus. Heimische Kleingehölzarten sind noch recht unbekannt in der Gartenpraxis. Experten des Naturgarten e.V. bemühen sich seit geraumer Zeit, gerade für räumlich begrenzte Ansprüche geeignete Wildsträucher zur Verfügung zu stellen.
Die Natur hält bereits ein geeignetes Spektrum von Kleinsträuchern bereit. Sie stehen meist an Sonderstandorten, die sehr kalt, sehr warm oder sehr trocken sind, wo also Zwergwüchsigkeit durch die Evolution selektiert wurde. Beispiele hierfür sind viele unserer Ginsterarten – man denke an den aparten **Kopfginster**, der mit seinen am Triebende angeordneten Blüten selten einen Meter Wuchshöhe erreicht. Auch der **Schwarze Geißklee** zählt zu den Kleingehölzen. Er bleibt in der Regel unter einem Meter, an sehr mageren Standorten auch unter 50 Zentimeter. Ein bildhübscher Vertreter aus der Rosenfamilie ist die **Essigrose**. Im Freiland wächst diese überaus schön und groß blühende Duftrose in Krautsäumen. Mit langen Trieben versucht sie, im Pflanzendickicht nach oben zu kommen. Setzt man sie im Garten an einen Sonnenplatz ohne Konkurrenz, bildet sie dichte, kleine Gebüsche, die im Juni mit handtellergroßen Blüten überraschen, um schon im August fruchtbare Hagebutten zu tragen. In die Gruppe der Kleingehölze gehören auch andere niedrigbleibende Rosenarten. Zu erwähnen ist die **Bibernellrose**, deren dichte Gebüsche auf höchstens anderthalb Meter Höhe aufstreben. Ihre Blüten bilden im Mai ein schneeweißes Meer. Auch die schattenverträgliche **Zimtrose** läßt sich in die Kleingehölze einordnen.
Kaum einer denkt bei einem Frühblüher wie dem **Gemeinen Seidelbast** an ein Kleingehölz. Und doch: Der bereits ab Februar blühende und dann stark duftende Wildstrauch gehört unbestritten in diese Kategorie. Ein dekorativer Kleinstrauch ist darüber hinaus das **Mannsblut**. Dieses Johanniskrautgewächs überzeugt durch gelbe Blüten und erst rote, dann schwarze Beeren. Etliche der heimischen Großgehölze bilden auch an Naturstandorten kleinere Spielformen aus, genetische Abweichungen vom üblichen Wuchs. Solche Zwergformen von Großgehölzen werden speziell gesucht und vermehrt. So entdeckte man etwa die **Niedrige Heckenkirsche** (*Lonicera xylosteum*

'Compactum'). Sie wird nur einen Meter hoch, statt der etwa zwei Meter größeren Verwandten. Ähnlich verhält es sich mit dem **Zwergschneeball** (*Viburnum opulus* 'Compactum'). Er wird statt der 3-5 nur etwa einen Meter hoch, weist aber sonst alle Eigenschaften des großen Bruders auf. Auch der **Zwergfeldahorn** (*Acer campestre* 'Nanum') ist solch eine natürliche Varietät. Statt 15 Meter haben wir im kleinen Garten nur angenehm verträgliche 40-120 Zentimeter vor uns.
Fast ein Bonsaigewächs ist der **Zwergweißdorn** (*Crataegus monogyna* 'Compactum'). Seine 30-50 Zentimeter Höhe paßt auf jedes Grundstück, notfalls sogar in einen Topf, wozu er tatsächlich verwendet wird. Kleingehölze sind sehr unkompliziert in der Handhabung. Die meisten Arten kommen mit dem Durchschnittsgartenboden gut zurecht. Bei Trockenstandorten empfiehlt sich die Abmagerung durch Beigaben von Sand, Kies oder Steinen ins Pflanzloch (s. S. 38/39). Kalkgaben helfen den kalkliebenden Arten. Wie ihre großen Verwandten sind auch Kleingehölze unempfindlich gegen Krankheiten und Schädlinge. Doch dürfen die Arten viel stärker geschnitten werden als die hochwüchsigen Wildsträucher. Ein jährlicher Rückschnitt um die Hälfte schadet nicht, dadurch werden Austrieb und Blüte besonders angeregt. Das gilt besonders für Arten, die in den Zweigen nicht so stark verholzen, wie z. B. Ginster, Geißklee und Mannsblut.

Verkopft – zu Kopf gestiegene Blüten beim Kopfginster

Wildblumengarten mit Kleingehölzen und Wildsträucherhecke: Der Schwarze Geißklee sticht leuchtend gelb hervor.

TIP: Seltene Wildsträucher, Wildrosen und Kleingehölze sind zur Zeit nur über spezielle Produzenten für Wildpflanzen (s. S. 60 bis 61) zu bekommen und (leider noch) nicht im Gartencenter oder in Baumschulen.

Duftiger Frühblüher: Kleingehölz Seidelbast im März

MINILAUBHECKEN

Wenn der Platz für die große Wildsträucher- oder Wildrosenhecke (S. 20/21, 24/25) fehlt, muß man die Sache eine Nummer kleiner angehen. Hier sollten nur diejenigen Arten zum Einsatz kommen, die tatsächlich von der Größe her passen. Der Pflanzabstand rückt bei so einer Kleingehölzhecke auf maximal einen halben Meter zusammen. Die Breite beträgt etwa einen Meter. Werden einzelne Arten zu groß oder breit, können die Pflanzen zurückgeschnitten werden. Eine Ausnahme bilden die **Ginster** in den Minihecken. Sie sollten spätestens zum Zeitpunkt der Vergreisung nach drei bis fünf Jahren einen kräftigen Rückschnitt bekommen. Manche Wildgehölzgärtner schneiden sie sogar jährlich zurück, um eine bessere Verzweigung und frische grüne, blütenreiche Triebe direkt von unten zu erzeugen.

Beginnen wir mit geeigneten Wildrosen für eine kleine Laubhecke. Die **Zimtrose** sollte hier keineswegs fehlen, bildet sie doch durch Ausläufer dichte Abschnitte. Ihr zur Seite steht gut die ebenfalls von unten dicht austreibende **Bibernellrose**. Auch die **Apfelrose** paßt dazu, wird allerdings etwas höher und ragt leicht heraus. Bis zu anderthalb Meter bringt sie im freien, unbeschnittenen Wuchs. Die **Essigrose** wiederum prägt eine niedrigere Höhe, maximal einen halben Meter hoch.

Nun nehmen wir weitere Kleingehölze hinzu. Der **Schwarze Geißklee** fügt sich mit seinem gelben Blütenflor ideal in die Rosenreihe ein. Er blüht etwas später und bringt dadurch noch Farbe ins Spiel, wenn die schönste Rosenzeit schon vorbei ist. Auch der gleichfalls kleinwüchsige Färberginster kann sich zur Ergänzung und Betonung sehen lassen. Als Frühblüher steht dieser Minihecke des weiteren der **Gemeine Seidelbast**

Heckenvorpflanzung: Sommerflieder und zwei Schwarze Geißkleebüsche laden zum Verweilen und Genießen ein.

an. Nur selten (im hohen Alter) überschreitet er einen halben Meter. Durch die frühe Blüte hebt er sich zu einer Zeit heraus, in der die übrigen Kleingehölze der Minihecke noch ohne Laub dastehen. Seine roten Beeren leuchten im August; sie sind allerdings giftig. Auch die **Zwergmandel** macht sich hier sehr schön.

Lebenszeichen und Augenmerk: Ein einzelner Wildrosenbusch steht dem Vorgarten immer gut an.

Kleine Arten vor Hecken

Für den Übergang von den großen Wildsträuchern zum Garten eignen sich Kleingehölze optimal und ergeben eine gute Abstufung. So lassen sich mit einer ein Meter hohen Vorpflanzung allzu abrupte Übergänge mildern. Positiv an der Verwendung von Kleingehölzen ist außerdem, daß sie sich besser in den Saum aus Wildblumen (s. S. 32/33) einpassen als ihre hochwüchsige Verwandtschaft. Welche Arten man für die Vorpflanzung einsetzen kann, hängt natürlich vom Standort ab. An sonnigen, wärmebegünstigten Heckenrändern in Südlage sind es vor allem die kleinen Wildrosen wie **Apfelrose**, **Bibernellrose** und **Filzrose**. Auch die **Rotblättrige** und die **Rauhblättrige Rose** kommen in Frage. Verwendet man allein die **Essigrose**, was zu einem wunderbaren Blüteneffekt führt, kann man sie samt umgebenden Wildblumen im Herbst einfach mit abmähen. Dasselbe gilt für das **Mannsblut**. Diese Arten sind so starkwüchsig, daß ihnen radikale Schnitte gar nichts ausmachen. In Schattenlagen sind speziell **Alpenheckenrose** und **Zimtrose** nützliche Kleinsträucher für den Heckenrand. Der **Gemeine Seidelbast** läßt sich nicht nur in eine Hecke (s. S. 28 oben), sondern auch vor die Hecke setzen, gern sogar im Schatten. Ihre Robustheit macht die Kleingehölze pflegeleicht!
Die im Hochsommer gelb leuchtenden **Ginsterarten** sollten wir als Ergänzung nicht vergessen. Auf nicht zu nährstoffreichen Böden gedeiht der **Färberginster** optimal. Fast noch schöner und etwas höher wird der **Schwarze Geißklee**. Auch er ist mit einer Abmagerung des Bodens durch Sand, Kies, Felsbrocken oder Bauschutt einverstanden.

Kleinsträucher als Einzelgehölze im Vorgarten

Alle genannten Arten passen auch als Einzelgehölze an ausgesuchte Plätze. Durch ihren geringen Raumanspruch bieten sie sich besonders für kleinräumige Lösungen an. Mit standortgerechten Wildstauden und Gräsern kombiniert, dazu Blumenzwiebeln gepflanzt, entstehen repräsentative Eingangssituationen.

Optische Gestaltungselemente: Kleingehölze setzen Akzente, gliedern und unterteilen den Garten.

KLEINGEHÖLZE FÜR SONNIGE PLÄTZE

Unter den Kleingehölzen gibt es einige Sonnenanbeter, die uns ein entsprechendes Plätzchen mit prächtigem Wuchs belohnen. Was den Boden betrifft, sind diese Arten in der Natur meist auf magerem Boden zu Hause. Man sollte also, falls möglich, das Pflanzloch großzügig anlegen und die verwendete Pflanzerde mit mindestens der Hälfte Bauschutt, Kies, Schotter oder Sand vermischen.
Trockenstandorte gibt es in jedem Garten, etwa am Wegrand. Auch die Flächen unter dem Dachtrauf, die meist mit häßlichen blanken Kieseln belegt werden, könnten solche Trockenspezialisten beheimaten. Einige Arten unter den Kleingehölzen sind so handlich, daß man sie sogar in Trockenmauern pflanzen kann.
Zu diesen Minis unter den Kleingehölzen gehört etwa der **Rote Geißklee**, auch **Purpurginster** genannt. Im April beginnt die rosarote Blüte an vielen kleinen dünnen Trieben. Da er jedoch an fast allen Zweigen gleichzeitig blüht, zeigt er eine üppige Blütenfülle, die bis Ende Mai dauern kann. Der Rote Geißklee zwängt sich aus Mauern heraus und schmückt sie überhängend. Er steht aber auch gern aufrecht oben drauf oder am Mauerfuß. Kiesigen oder sandigen Flächen verleihen ein oder zwei Pflanzen eine ansprechende Frühjahrsblüte und kleinräumliche Struktur.
In ähnlicher Weise ein Idealkandidat für trockene, magere Flächen ist der **Kopfginster**. Anders als seine Verwandtschaft blühen nur die Triebspitzen. Das bedeutet aber keinen Nachteil, da der ganze Strauch auf einen Schlag blüht und weithin leuchtet. Auch hier ein Plus:

Verkannter Schöner: Das Mannsblut wächst gern im Schatten. Was nicht heißt, daß es keine Sonne verträgt.

Die Blüte dauert über viele Wochen an. Niemand wird den **Schwarzen Ginster** in Ihrem Garten vergessen können. Auch **Färberginster**, ebenso die **Zwergmandel**, sind kleine Sträucher für trockenere, magere Plätze in voller Sonne. Ebenfalls dort zu Hause ist ein kleiner Bruder des Großstrauchs **Sommerflieder**, der ja durchaus drei und vier Meter Höhe erreicht. Die Kleingehölzform wird etwa mannshoch. Sie existiert in zwei Blütenvarianten: *Buddleja davidii* 'Nanho Purple' blüht violett. *Buddleja* 'Nanho Blue' aber ist von blauer Farbe.
Und natürlich kommen wieder unsere kleinwüchsigen heimischen Wildrosen ins Spiel. Im Prinzip können wir alle Arten im freien Stand verwenden, wie sie auch als Heckenvorpflanzung empfohlen werden (s. S. 24/25). Als lohnende Investition ist daneben die **Kriechrose** zu erwähnen. Sie bildet dichte Gebüsche von maximal einem halben Meter Höhe und kann sogar als Bodendecker für sonnige Standorte Verwendung finden. Da kriechende Arten auch Schatten vertragen, eignet sie sich ebenso für Halbschattenlagen. Die im Juni und Juli üppig weiß blühende Kriechrose ist ein Multitalent. Sie kann zur Berankung von meterhohen Zäunen eingesetzt werden und überdeckt, wie der **Rote Ginster**, gern Trockenmauern und Steinhaufen.
Ein besonderes Augenmerk gilt des weiteren der **Rotblättrigen Rose**. In der Natur wächst sie auf den trockensten Felshängen. Mit ihren Pfahlwurzeln stößt sie tief in feuchte Bereiche vor. Im Garten liebt sie gleichfalls solche mageren, trockenen Bereiche, obwohl sie auch mit nährstoffreichem Gartenboden zurechtkommt. Die Rotblättrige Rose fällt durch ihr rötlich angehauchtes Laub und Triebe auf. Ihre rosaweißen Blüten sind etwas Außergewöhnliches im heimischen Rosenreich: Der Fruchtbehang ist überreich und setzt sehr früh ein, reife Früchte gibt es schon ab August.

TIP: Roter Geißklee, Kopfginster, Mannsblut und Kriechrose wachsen auch in größeren Töpfen und Kübeln.

KLEINGEHÖLZE FÜR SCHATTIGERE PLÄTZE

Was die Rotblättrige Rose in Südlagen, ist die **Alpenheckenrose** im Norden, Westen und Osten. Sie ist eine der wenigen heimischen Wildrosen, die überhaupt in halbschattigen Bereichen gedeiht. Auch in der Natur ist ihr Standort im lichten Bergwald, wo sie rosigen Unterwuchs bildet. Auch **Zimtrose**, **Essigrose** und **Apfelrose** vertragen den Halbschatten. Typische Schattenbewohner sind außerdem das hübsche **Mannsblut**, das durch sein glänzendes Laub an immergrüne Südländer erinnert. Vergessen sei auch nicht der **Seidelbast**.
Arten für halbschattige und schattige Plätze wollen nährstoffreichere und feuchtere Lagen. Sie kommen mit dem durchschnittlichen Gartenboden gut zurecht.

Halbschattenstrauch: Alpenheckenrose in üppigem Flor

BLUMIGE HECKEN UND RÄNDER

Ob gleichzeitig mit den Heckensträuchern gesät oder hinterher als Stauden gepflanzt oder als Zwiebeln gesteckt (s. S. 14/15): Die zugehörigen Wildblumen verschönern jede Strauchpflanzung. Sie sind aber nicht nur ein ästhetischer, sondern auch ein ökologischer Gewinn, weil sie, schon lange bevor die Wildsträucher groß genug für die Blüte sind, blühen. Schon nach kurzer Zeit ist das Heckenreich belebt und voller blütenbesuchender

Frühjahrsaspekt: Sibirischer Blaustern und Scharbockskraut verschönern den Rand der Wildsträucherhecke.

Kriechrose im Wiesenlabkraut als Saumbewohner

Insekten. Stellt sich allein die Frage des Standortes. Im folgenden finden Sie eine Auflistung von passenden Arten. Produzenten von Wildsamen und -pflanzen halten sie bereit.

Nährstoffreicher Boden

Folgende Arten passen auf einen Gartenboden, der leicht feucht bis leicht trokken sein kann. Der Nährstoffgehalt ist durchschnittlich, es gibt also eher zu viele, als zu wenig Nährstoffe. Man kann die Arten säen oder pflanzen, wobei eingesetzte Pflanzen schneller anwachsen und auch unproblematischer in der Pflege sind. Der nährstoffreiche Heckensaum wird ein- bis zweimal jährlich gemäht, das Schnittgut entfernt.

- Bachnelkenwurz
- Blutweiderich
- Bunte Kronwicke
- Duftveilchen
- Echter Baldrian
- Echter Pastinak
- Echtes Mädesüß
- Echtes Seifenkraut
- Gamander-Ehrenpreis
- Geflügeltes Johanniskraut
- Gemeine Schafgarbe
- Gemeiner Frauenmantel
- Gewöhnliche Akelei
- Gewöhnlicher Gilbweiderich
- Goldkälberkropf
- Großblütige Königskerze
- Herbstzeitlose
- Himmelsleiter
- Kleine Brunelle
- Kuckuckslichtnelke
- Moschusmalve
- Nesselglockenblume
- Orangerotes Habichtskraut
- Rainfarn
- Rotes Leinkraut

- Roßminze
- Tüpfeljohanniskraut
- Waldengelwurz
- Walderdbeere
- Wasserdost
- Weiße Segge
- Wiesenbärenklau
- Wiesenbocksbart
- Wiesenflockenblume
- Wiesenglockenblume
- Wiesenlabkraut
- Wiesenmargerite
- Wiesenpippau
- Wiesenplatterbse
- Wiesenschaumkraut
- Wiesenstorchschnabel
- Wilde Karde
- Wilde Möhre

Nährstoffärmerer Boden
Bei mageren, sandigen, kiesigen oder steinigen Böden kommt ein noch bunteres Artenspektrum zum Zuge. Auch hier sind Pflanzung und Ansaat möglich. Die Pflege ist sehr extensiv: Der Heckenrand wird alle ein bis drei Jahre einmal gemäht, vorzugsweise im Herbst, das Schnittgut entfernt.

- Ackerglockenblume
- Ästige Graslilie
- Aufrechter Ziest
- Bergaster
- Bergkronwicke
- Bergsegge
- Blaugraues Schillergras
- Blutstorchschnabel
- Bunte Kronwicke
- Dauerlein
- Doldige Wucherblume
- Echte Küchenschelle
- Echte Schlüsselblume
- Echter Gamander
- Echter Pastinak
- Echtes Labkraut
- Färberkamille
- Frühlingsfingerkraut
- Gelbes Sonnenröschen
- Gemeine Schafgarbe
- Gemeiner Odermennig
- Gemeines Leinkraut
- Gewöhnlicher Hornklee
- Gewöhnlicher Thymian
- Goldaster
- Große Brunelle
- Großer Ehrenpreis
- Heidenelke
- Karthäusernelke
- Kleinblütige Königskerze
- Kleine Bibernelle
- Kleines Habichtskraut
- Kleiner Wiesenknopf
- Knolliges Mädesüß
- Kriechendes Gipskraut
- Moschusmalve
- Nickendes Leimkraut
- Nickendes Perlgras
- Quirlblütiger Salbei
- Raukenblättriges Greiskraut
- Rundblättrige Glockenblume
- Sandthymian
- Scharfer Mauerpfeffer
- Silberfingerkraut
- Skabiosenflockenblume
- Taubenkropfleimkraut
- Taubenskabiose
- Tüpfeljohanniskraut
- Wegwarte
- Weißer Mauerpfeffer
- Wiesenflockenblume
- Wiesenmargerite
- Wiesensalbei
- Wiesenwitwenblume
- Wilde Möhre
- Wilder Majoran
- Wimperperlgras
- Wirbeldost
- Violette Königskerze
- Ysop
- Zittergras

Wildblumen für die Hecke: Zwischen die Wildsträucher wurden Wildblumen gesät und gepflanzt. Es blüht schon im ersten Jahr.

Wer so dicht am Waldgeißblatt dran ist, riecht süß.

KLETTERNDER BLÜTENSCHMUCK

Daß es Sträucher gibt, die Hauswände begrünen und Torbögen überspannen, weiß jeder. Doch daß darunter auch heimische Arten sind, ist weniger bekannt. Noch lückenhafter wird das Wissen, wenn es um unsere Wildrosen geht. Wildrosen? Klettert da überhaupt eine? Wie und wie hoch?
Des Rätsels Lösung heißt Kriechrose. Eigentlich müßte sie einen Zweitnamen haben: **Kletternde Kriechrose**. Denn viel lieber, als auf dem Boden herumzukriechen und mit ineinander verschlungenen dornenbewehrten Trieben undurchdringliche Dornröschengebüsche zu bilden, klettert dieser Strauch in die Höhe. Das versucht er auch in der Natur, wenn er etwa am Heckenrand wächst und sich dank seiner Dornen als sogenannter Spreizklimmer an stämmigeren Sträuchern hochzieht. Doch den Weg zum Licht können wir der Kriechrose erleichtern, wenn wir sie an einen Zaun pflanzen. Sehr hübsch wirkt sie auch an einem eigenen Rankgerüst, das sie innerhalb von wenigen Jahren vollständig überwächst. Bis zu drei Meter Höhe erobert sie auf diese Weise. An solchen Stellen ist der Blütensegen besonders groß: Sie ist übersät von duftenden weißen Blüten, die von der Pracht heimischer Wildsträucher überzeugen. Und die Kriechrosensaison hält lang. Während hochgezüchtete Kulturformen nach der Blüte schlappmachen, beginnt die unermüdliche Kriechrose sofort mit der Produktion fingernagelgroßer Hagebutten.
Auch daß es heimische **Geißblattgewächse** gibt, die zum Schönsten gehören, was man sich denken kann, gehört nicht zum Alltagswissen. Viele halten das Waldgeißblatt für einen exotischen Emporkömmling, wenn er im Juni und Juli an Hauswänden und Pergolen die bunten Blüten ausbreitet. Sie sind eine Mischung von zartem Cremegelb, Elfenbeinweiß und Rubinrot, also durchaus beachtenswert, besonders auch ihres Zusammenspiels mit der Blütenform wegen. Noch interessanter ist allerdings der Duft - schlichtweg betörend süß. Er verströmt zwar auch tagsüber sein Aroma, doch als Nachtdufter beginnt das **Waldgeißblatt** erst nach 20.00 Uhr mit der Essenzenproduktion. Ab dieser Zeit nämlich fliegen auch die wendigen Nachtschmetterlinge aus, die es auf die Blütenkelche abgesehen haben. Ein Waldgeißblatt in einer halbschattigen Sitzecke

Kriechrosen gehen am Gerüst auch gern in die Luft.

reicht, um Heerscharen der tierischen Nachtschwärmer begutachten zu können. Im Spätsommer dann bringt es die glänzendrot lackierten Früchte - meist in Zweierpacks - hervor. Was für Menschen ungenießbar oder sogar schwach giftig ist, mundet immerhin zehn Vogelarten hervorragend.
Über Kletterpflanzen heimischer Natur zu reden ohne die **Waldrebe** zu nennen, wäre eine Sünde. Hier ist nicht die Rede von der Gemeinen Waldrebe, sondern es geht um ihre kleine Verwandte aus dem alpinen Raum, die **Alpenwaldrebe**. Die ist fürwahr ein echtes Schmuckstück, das sich auch in kleinerem Rahmen sehen lassen kann. Die Alpenwaldrebe gehört zu den Frühblühern unter den Gehölzen. Kaum hat sie im Mai ihre gelbgrünen Blätter entfalten können, beginnt sie schon dicke Blütenknospen zu schieben, die binnen kurzem aufgehen. Heraus quellen anmutige blauviolette Blütenblätter, deren Spitzen frei nach unten hängen.
Die Alpenwaldrebe liebt leicht saure Böden, kommt also hervorragend mit Koniferennachbarn zurecht, deren Nadelteppiche den Boden versauern und anderen Pflanzen das Leben schwer machen. Sie ist in ihrer Zartheit auch eher etwas für kleine, aber feine Begrünungen. An Klettergerüsten schlingt sie sich als Blattranker in zwei bis drei Meter Höhe.
Schon bald nach der Blüte startet sie die Samenproduktion. An federähnlichen, feinwolligen Flughaaren hängen braune Samen. Diese federigen Samenbüschel bleiben oft bis in den Winter als Zierde am Strauch. Erst starke Winde reißen sie auseinander.
Zu den heimischen Kletterpflanzen gehört auch der fünfblättrige **Wilde Wein**. Er braucht wie die vorgenannten Arten ein Rankgerüst, das er bis in die Höhe des dritten Stocks erobert. Er webt dichtgrüne Blätterteppiche über kahle Wände.

Grüne Vorhänge mit wildem Kletterer: Der Fünfblättrige Wilde Wein überspannt weite Hausflächen.

Mauerbehang: Die Alpenwaldrebe erobert die Wand.

Von der Pflanzung bis zur Pflege

Pflegeleicht und preisgünstig

Vergessen Sie, was Sie bislang über Rosen gehört haben. Auch die komplizierten Problemlösungen im Umgang mit exotischen Gehölzen können Sie ad acta legen. Mit heimischen Wildrosen und -sträuchern betreten Sie ein Land, in dem alles ganz einfach ist.

Rotblättrige Rose

Kriechrose zur Abschirmung am Staketenzaun: Einmal gepflanzt, immer ein Schmuck. Zur Blüte im Juni und Juli offenbart sich ein weißer Traum. Ab September fruchten rote Hagebutten.

Naturgartengestaltung: Wildsträucher und Wildrosen als Grenze. Einzelsträucher und Kleingehölze als Raumteiler.

Wildblumensaum 1: Auf mit Sand abgemagertem Boden

Der Umgang mit heimischen Wildsträuchern und Wildrosen ist kinderleicht. Man muß nicht allzuviel wissen. Und man kann auch (fast) nichts falsch machen. Die Arten sind anspruchslos. Auch die Problembereiche Schädlinge und Pflanzenkrankheiten existieren nicht. Die heimischen Arten sind an ihre Nutznießer angepaßt. Sie ertragen all die vielen tierischen Blattfresser, Saftsauger, Blütenbesucher mit evolutiv gefestigter Ruhe. Bei Ziergehölzen übel wirkende Schadpilze wie Mehltau und Rußtau können ihnen nichts anhaben. Außerdem sind unsere Wildsträucher pflegeleicht.

Wildblumensaum 2: Die Lücken zwischen den eingesetzten Wildstauden und Gräsern werden mit Holzhäcksel gemulcht.

Pflanzung in normalen Gartenboden: Die Erde bleibt.

AUF DEN STANDORT KOMMT ES AN

Bevor wir uns mit den einzelnen Arten beschäftigen, lohnt ein Rundgang im Garten. Mögliche Standorte werden in Betracht gezogen, die erste „Bepflanzung“ im Kopf vorgenommen. Wichtig dabei ist: Überlegen Sie nicht nur, wo Platz ist, sondern auch, wo welcher geschaffen werden kann. So läßt sich nach und nach Ziergrün durch Naturgrün ersetzen. Man kann auch zwischen Exoten Wildarten pflanzen und die „Standortfremden“ nach Belieben mit den Jahren entfernen.

Beim Rundgang im Garten ist eine Skizze nützlich, in die die Flächen (nach Länge und Breite) der ausgewählten Standorte eingetragen werden. Anhand der Skizze kann man später den Pflanzenbedarf ersehen (das ist wichtig beim Anpflanzen einer Hecke). Eine grobe Beurteilung der Standortfaktoren Temperatur, Licht, Feuchtigkeit, Bodenmilieu und Nährstoffgehalt hilft, die richtigen Pflanzen auf den rechten Standort zu bringen.

Bodenzustand ermitteln

Eine Bestimmung des **Nährstoffgehaltes** geschieht mittels Fingerprobe: Sand (rauh und körnig, kaum Feinsub-

Eine verbindende Hecke statt eines trennenden Drahtzauns: Die Bewohner sind dabei, Wildsträucher auf die Grundstücksgrenze zu pflanzen.

stanz, leicht) und Torf (grob und faserig, wenig Feinsubstanz, sehr leicht) enthalten wenig Nährstoffe, Lehm und Ton (glatt und schmierig, viel Feinsubstanz, schwer) einen hohen Nährstoffvorrat. Wichtig ist daneben der **Humusgehalt**. Humus ist zersetztes und aufbereitetes organisches Material aus Pflanzen- und Tierresten. Humus speichert Wasser und Nährstoffe und lockert den Boden auf. In der Regel sind bei gleicher Feuchtigkeit dunklere Böden humusreicher. Von der Grundfarbe her hellbraune oder gelbliche Sandböden schlagen bei Humusreichtum ins Grau, Lehm und Ton ins Grauschwarze. Humusreiche Böden sind nährstoffreicher als humusarme. Das trifft nicht zu für Moorböden.
Übrigens: Natürlich sind die Standortfaktoren voneinander abhängig, beispielsweise sind warme Standorte sonnig und oft trocken, feuchte oder nasse liegen eher im Schatten, ein flachgründiger Kalkboden oder ein Sandboden erwärmt sich schneller als ein tiefgründiger Lehmboden.

TIP: Exakte Bestimmung von Säure- und Stickstoffgehalt, Kalk oder Spurenelementen bringen nur Bodenanalysen.

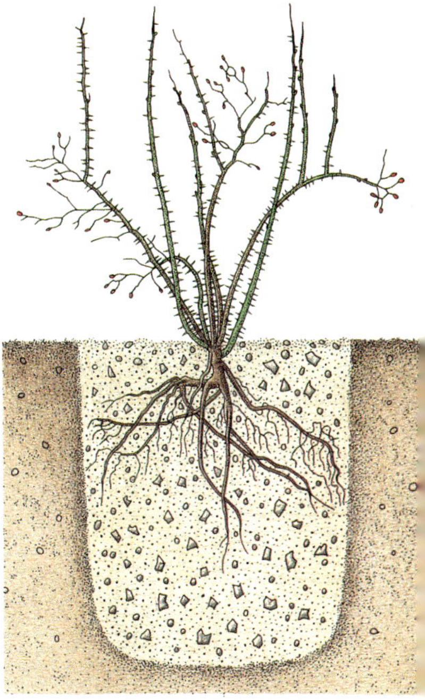

Pflanzung in abgemagerten Boden: Erde, Kies, Sand

Niedrige Wildrosenhecke: Auf mageren Böden, über Trockenmauern, als Abschirmung und Absturzsicherung bieten sich kleine Wildrosenarten an.

Den Boden verändern

Zwei Drittel unserer heimischen Wildsträucher mögen eher nährstoffarme Böden, darunter viele schöne und sehr attraktive Arten für den Garten. Das ist ein gewichtiges Argument für Bodenveränderungen am Standort. Wenn das Pflanzloch groß genug ist, kann man es mit dem bevorzugten Bodensubstrat füllen oder zumindest vorhandenen nährstoffreichen Boden 1:1 mit Sand, Kies oder Schotter abmagern. Kalkliebende Arten sind für eine Beigabe Gartenkalk dankbar. Welcher Strauch welchen Boden braucht, finden Sie im Porträtteil.

Topfware: Sträucher werden aus dem Topf gepflanzt.

Bezugsquellen

Den Schwarzen Holunder bekommt man in jeder Baumschule. Die Wildform der Bibernellrose leider nicht. Die Filzrose auch nicht. Und erst recht nicht Schwarzen Geißklee und Kopfginster. Je seltener die Wildstraucharten sind, um so unwahrscheinlicher hat sie der normale Handel. Wildrosenfans mit speziellen Vorlieben und Kleingehölzliebhaber landen daher automatisch bei den speziellen Wildpflanzenproduzenten (Adreßteil, S. 60). Dort bekommt man tatsächlich alles - meistens per Post.

Aufbau einer Heckenpflanzung

Wenn Sie eine Hecke anpflanzen möchten, schauen Sie sich doch einmal in der Natur um, und lassen Sie sich inspirieren. Kleinwüchsige und kriechende Arten stehen außen, die großen und kräftigen Arten in der Mitte. Wer genug Platz hat, kann die Anzahl der Reihen erhöhen: Einreihig, zweireihig oder gar viele Reihen, mit wechselndem Abstand. Besonders langsam- oder schwachwüchsige Arten (Kornelkirsche, viele Wildrosen) am besten in Kleingruppen von drei bis fünf Stück pflanzen, mittelstark wüchsige Arten wie Rote Heckenkirsche oder Blaugrüne Rose zu zwei bis drei, starkwüchsige Vertreter wie Holunder, Hundsrose, Pfaffenhütchen oder Vogelbeere als Einzelexemplare. In breiten Hecken haben in der Mitte Bäume Platz (Vogelbeere, Wildbirne etc.).

Süd- oder Nordseite

Die wärmeliebenden Arten (fast alle Wildrosen, Ginster) pflanzt man bei mehrreihigen Hecken auf die Sonnenseite, wobei sie nach der Größe gestaffelt werden. Die Schattenseite der Hecke erhält schattentolerante und feuchtigkeitsliebende Arten - auch hier abgestuft nach ihrer Wuchshöhe.

Pflanzabstand

Schwachwüchsige, kleine Arten (Kleingehölze) werden mit 0,3-0,5 Meter Abstand gepflanzt. Kräftiger wachsende Sträucher können in etwa 1-1,5 Meter Abstand gesetzt werden. Sehr konkurrenzstarke Arten erhalten 1-3 Meter Abstand zu den nächsten Sträuchern. Wer zu weit pflanzt, muß mit langen Wartezeiten rechnen, bis sich die Hecke schließt.

Pflanztermin

Der Herbst und frostfreie Wintertage sind günstigere Termine, die Sträucher zu pflanzen, als das Frühjahr.

Bodenvorbereitung

Pflanzstreifen am besten vorher umbrechen. Dadurch

Wurzelware: Unbeschnittener Strauch von 60–80 cm Höhe

wachsen die Sträucher besser an, außerdem kann man so auch leicht die erforderlichen Wildblumen säen. Spezielle Bodenvorbereitungen sind nur bei starker Verdichtung (z. B. Neubaugebiet) notwendig. Diese Böden lockert man vorher mit tiefwurzelnden Gründüngern.

Pflanzloch

Das Pflanzloch muß wenigstens so groß und breit sein wie die beschnittene Wurzel, aber: je tiefer und breiter, desto besser. Die Erde locker halten. Je nach Bodenverhältnissen abmagern und kalken (s. S. 39).

Wurzelschnitt

Alle starken Wurzeln mit der Baumschere anschneiden. Überhängende Langwurzeln um rund ein Drittel kürzen.

Einkürzen der Triebe

Die Triebe des Strauches sollten vor dem Pflanzen gekürzt werden. Grundsatz: Je schlechter der Wurzelansatz, desto stärker muß der Rückschnitt der Zweige sein. Man reduziert die Triebe um ein bis zwei Drittel der Länge. Abgeschnitten wird direkt oberhalb einer Laubknospe, so entsteht beim Austrieb kein Totholz. Topfpflanzen und Ballenware nicht kürzen!

Einsetzen

Ist der Strauch an Wurzeln und Trieben beschnitten, kann er ins vorbereitete Pflanzloch gesetzt werden.

Wurzelware: Einkürzen von Trieben und Wurzel

Einsetzen: Der Wurzelballen kommt in die Erde.

Topfware: Der Rote Geißklee wächst im Terrakottatopf.

Die Wurzelräume werden mit lockerem Boden aufgefüllt, den man bei trockenem Wetter bei Frühjahrspflanzungen mit Wasser einschlämmt. Herbstpflanzungen müssen nicht gewässert werden, es sei denn, die Wurzeln sind trocken.
Topf- oder Containerpflanzen ohne Topf so ins Pflanzloch setzen, daß man noch ca. fünf Zentimeter Erde auffüllen muß, um mit dem angrenzenden Erdreich plan zu sein.
Das Festtreten der Erde ist nur bei leichten Böden empfehlenswert, schwere oder feuchte Böden würde man nur noch mehr verdichten. Meist reicht das Andrücken der Erde mit den Händen. Gegebenenfalls einen fünf Zentimeter erhöhten Erdwall als Gießrand anlegen.

ETWAS PFLEGE TUT GUT

Zwar sind Wildsträucher besonders pflegeleicht, aber vor allem bei Neuanpflanzungen muß etwas Pflege sein, da sie sonst im Wachstum vom schnellwüchsigen Wildkraut behindert werden. Die unerwünschten Kräuter niedertreten reicht zuweilen aus, notfalls hakken oder mulchen. Das Abmähen von Kräutern und Gras mit Sense oder Motorsense ist bei wechselndem Pflanzabstand schwierig. Günstig ist es, die gepflanzten Sträucher schon bei der Pflanzung mit Stöckchen zu markieren. Bei gleichzeitigen Wildblumenansaaten muß man bei hohem Wuchs einen halben Meter rings um die Sträucher abmähen. Vielfach kann man sich das Freischneiden auch ganz sparen, da die Sträucher der Wildblumenflur von allein hochkommen. Sind die Wildsträucher den Kräutern einmal über den Kopf gewachsen, so kann man die Krautschicht tolerieren. Wildkraut und Wildstrauch sind eine natürliche Gemeinschaft, die wiederum etlichen Tieren Nahrung und Schutz bietet.

Mulchen

Der beste Schutz gegen Hitze, Kälte, Regen- und Winderosion, außerdem das Bodenleben fördernd, ist eine Mulchdecke aus organischem Pflanzenmaterial (z. B. Stroh, Wildkräuter, Laub, Gemüseblätter, Gras, Rinde), die direkt im Umkreis von einem Meter um den Strauch aufgebracht wird. Solch eine Mulchdecke ist auch ein ausgezeichneter Schutz gegen Wildkräuter, die Jungsträucher in den ersten zwei Jahren gern überwuchern. Da die Mulchdecke mit der Zeit verrottet, sollte man immer wieder Material auflegen. Mulchen macht allerdings eine Ansaat mit Wildblumen unmöglich. Praxiserfahrungen bestätigen, daß eine Ansaat mit heimischem und standortgetreuem Saatgut die Verbreitung unerwünschter Kräuter und Gräser erschwert und so ebenfalls einen Mulcheffekt nach sich zieht.

Auslichten beim Großstrauch: Ein Drittel der Triebe wird entfernt.

Bildhübsches Pflegeergebnis: Asthaufen mit Gehölzschnitt, überrankt mit Waldgeißblatt oder hier „Jelängerjelieber".

Düngen

Düngen ist nicht notwendig: Zwei Drittel der Wildsträu-

Auf den Stock setzen beim Großstrauch: Alle Triebe entfernen.

Rückschnitt beim Kleingehölz: Alle Triebe um die Hälfte kürzen.

cher lieben stickstoffarme Böden und quittieren selbst gut gemeinten Biomist oder Kompost mit Wachstumsstörungen. Statt dessen also die Natur arbeiten lassen und den Wildkrautwuchs im Parterre tolerieren; er lockert auf und setzt Nährstoffe um und frei. Abfallendes Herbstlaub nicht entfernen, sondern an Ort und Stelle verrotten lassen. Ebenso abgeschnittene Äste unter den Sträuchern sammeln und zersetzen lassen. So haben auch Igel und Zaunkönig eine sichere Unterkunft.

Spritzen

Auch Spritzen gegen Ungeziefer ist überflüssig.

Schnitt von Wildsträuchern

Zum langfristigen Genuß und zur Bewahrung der Wildstrauchvielfalt sind in Intervallen von 5 - 15 Jahren Pflegeschnitte angebracht. Schneiden kann man an frostfreien Tagen von Oktober bis März, am günstigsten ist es jedoch direkt nach dem Laubfall. Schnittgut gehört unter die Sträucher.

Man unterscheidet zwischen drei Schnittarten:

▶ Das Auslichten

Eine spezielle Schnittart für empfindliche Laubhölzer und großen Raum einnehmende Einzelsträucher. Zu dichte Äste entfernt man möglichst weit unten, dabei wird der Strauch nur ausgedünnt, nicht grundsätzlich und wesentlich gekürzt. Höchstens alle zwei bis drei Jahre schneiden, lieber längere Schnittintervalle lassen.

▶ Auf den Stock setzen

Spezielle Schnittart für übermächtige Arten in der Hecke, möglich auch für zu großwüchsige Einzelsträucher. Stockausschlagfähige Laubhölzer alle 10 - 15 Jahre radikal bis auf 20 - 50 Zentimeter über dem Boden sauber kürzen.

▶ Der Rückschnitt

Überalterte große Wildsträucher und vor allem Kleingehölze können durch Rückschnitte bis aufs Altholz wieder zum Neuaustrieb angeregt werden. Der Rückschnitt dient auch der Verzweigungsbildung, die Äste treiben von unten dichter aus.

Wildblumen in Hecke und Saum

Die Einsaat von Wildblumensäumen in und vor der Hecke benötigt offenen feinkrümeligen Boden frei von Bewuchs. Bei starkem Unkrautdruck von im Boden vorhandenen Ackerwildkräutern sind im Ansaatjahr bis zu drei Pflegeschnitte vorzunehmen; der erste ca. acht bis zehn Wochen nach der Ansaat. In Folgejahren reicht es, Saum und Heckenbereich alle ein bis drei Jahre auszumähen. Das Mähgut wird in den Anfangsjahren entfernt. Ist die Hecke größer, unterbleibt das Mähen innerhalb der Hecke ganz.

Weinrosen-Hagebutten

Was Sie schon immer wissen wollten

Kleines Abc der Arten

Nehme ich nun lieber die Lederrose? Kann man mit Kriechrosen auch Zäune beranken? Dies und vieles mehr erfahren Sie in den folgenden Pflanzenporträts. Neben ihrer Verwendung steht hier das Wichtigste über Blütezeit und Fruchtbehang, über Höhe und Wuchsform. Auch der ökologische Wert bleibt nicht unerwähnt, falls Sie bestimmte Wildtiere anlocken möchten.

Verlockende Pracht: Rotfleischige Kornelkirschen warten auf Abnehmer.

Ausnahmeerscheinung: unreif braun, reif schwarz. Das gibt es nur bei Bibernellrosen.

Sommernachts-Tagtraum: Im Hochsommer bildet die Kriechrose am Holzzaun eine blühende Wand. Der eine Strauch hat einige hundert Blüten. Eine so fein wie die andere.

„Wer die Wahl hat, hat die Qual", sagt ein Sprichwort. Es trifft bei unseren vielen Wildrosen genauso zu wie bei den Wildsträuchern. Auf den folgenden Seiten finden Sie eine Auswahl der schönsten und wichtigsten Wildrosen und Wildsträucher, die gut in Ihren Garten passen. Damit können Sie viele Bedürfnisse erfüllen. Mit den einzelnen Arten lassen sich große oder kleine Wildsträucherhecken pflanzen.

Man kann sie als platzsparende Einzel- und Kleinsträucher für Vorgarten und Wegrand verwenden oder zur Unterteilung des Gartens mit Buschgruppen. Man könnte daraus eine Vogelschutzhecke zusammenstellen oder die Wildfruchthecke für den eigenen Bedarf. Manche in der Natur seltene Art gibt es wieder bei speziellen Wildpflanzenproduzenten. Wie auch immer: Wählen Sie aus!

Mager macht schön: Färberginster auf kiesigem Boden

Seltener Anblick: Die echte wilde Felsenbirne sieht man fast nie in Gärten. Warum eigentlich? Nicht schön genug?

GEMEINE FELSENBIRNE

Amelanchier ovalis

Dieser seltene heimische Wildstrauch blüht im April und Mai leuchtend schneeweiß. Ab Juli reifen blaurote kleine, eßbare Früchte. Kleinstrauch mit etwa 2 m Höhe. Lockerer Wuchs. Auf trockenen, steinigen, nährstoffarmen Böden. Nur sonnige Lagen. Gut als dekorativer, frühblühender Einzelstrauch auf Trockenstandorten oder in Trockenmauern. In kleinen Wildsträucherhecken auf mageren Böden. Frucht ist Futter für 21 Vogelarten. Achtung: In Baumschule und Gartencenter werden oft exotische Arten verkauft: Ährige Felsenbirne (*A. spicata*), Kupfer- oder Kanadische Felsenbirne (*A. lamarckii*).

GEMEINE BERBERITZE

Berberis vulgaris

Die echte heimische Berberitze ist ein idealer Kandidat für den Garten. Im Mai bildet sie ein Blütenmeer von gelben Trauben, die stark nach Honig duften und viele Bienen und Hummeln anlocken. Die eßbaren roten, leicht säuerlichen Früchte reifen ab August und hängen bis in den Winter als lieblicher Fruchtschmuck und Vogelfutter für 19 Vogelarten. Auf allen Böden und Lagen, am liebsten aber auf mageren, kalkreichen, sonnigen Standorten. Wird 2-4 m hoch und paßt ausgezeichnet in eine große Wildsträucherhecke. Auch als Einzelstrauch attraktiv oder im Gebüsch als Kleingruppe. Bildet durch dreiteilige Dornen und feinästigen Wuchs ein undurchdringliches Dickicht, dadurch gutes Vogelschutzgehölz. Nicht zu verwechseln mit der oft in Gärten zu findenden exotischen rotlaubigen Thunbergs Berberitze, die wesentlich niedriger ist.

SOMMERFLIEDER
Buddleja davidii

Bekannt auch als Schmetterlingsstrauch. Wirkt tatsächlich wie ein Magnet auf alle Arten von Faltern. Durch die späte und lange dunkelviolette, selten weiße oder bläuliche Blüte von Juni bis Oktober schafft er eine wertvolle und dauerhafte Nahrungsquelle. Frostempfindlich. Macht die Frostverluste allerdings durch schnellen Austrieb wieder wett. Wird als Großstrauch 2-3 m hoch. Am liebsten auf mageren Böden, kommt aber auch mit nährstoffreicher Erde zurecht. Sonnenkind. Beeindruckendes Einzelgehölz, in großen Hecken am Südrand. Niedrigere Wuchsformen als Kleingehölze für Vorgarten und Trockenstandorte. Dann etwa 150 cm hoch.

ALPENWALDREBE
Clematis alpina

Diese zierliche Kletterpflanze erreicht 2-3 m Höhe. Sie liebt nicht zu nährstoffreiche, steinige Lehmböden, die kalkreich sein sollten. Auch auf leicht sauren Standorten. Die Blüte liegt früh im Mai, zusammen mit der Entfaltung der Blätter. Sie kann sich durch eine Nachblüte bis in den Oktober hinziehen. Die Blütenfarbe variiert, meist blauviolett, auch hellblaue, hellila und sogar rosa und weiße Spielformen. Oft windet sie sich an Klettergerüsten. Viel schöner aber ist die Pflanzung unter einem laubabwerfenden Wildstrauch, in dem sie natürlich klettert. So bekommt sie auch den gewünschten schattigen Fuß. Die pollenreichen Blüten werden am liebsten von Hummeln und Bienen besucht. An den Blättern leben Schmetterlingsraupen verschiedener Nachtfalter.

KORNELKIRSCHE
Cornus mas

Die Kornelkirsche gehört seit langer Zeit zu den Wildsträuchern des Gartens. Ihre frühe Blüte mit den tausenden honigduftenden gelben Einzelblüten macht sie zum fruchtbaren und hübschen Ersatz der zur gleichen Zeit blühenden, aber ökologisch wertlosen Forsythie, die weder Pollen und Nektar noch Früchte produziert und damit kein Wildtier versorgt. Das Fruchtfleisch ist von angenehm säuerlich-herbem Geschmack. Es läßt sich vielfach in der Küche einsetzen, etwa zu Mus, Sirup, Gelee, Wein verarbeiten. Auf die Früchte stehen auch 15 Vogelarten sowie 17 Säugetierarten. Kornelkirschen wachsen zwar langsam, werden aber bis zu 5 m hoch. Sie passen gut in eine große Wildsträucherhecke, taugen allerdings auch als dekorative Einzelsträucher. Wächst auf allen kalkreichen Böden.

Zarte Glocken ohne Ton: Alpenwaldrebe als stille Pracht

Honigmacher: Man riecht förmlich den Duft der wilden Berberitze

SCHWARZER GEISSKLEE

Cytisus nigricans

Auch Schwarzer Ginster genannt. Der Kleinstrauch von 50-130 cm Höhe ist ein Blütenwunder. Von Juni bis August schiebt er immer wieder neue hellgelbe Blüten nach, an einem älteren Exemplar können einige tausend Blüten gleichzeitig sein. Ein dekoratives Einzelstück, gern auf trockenen und mageren Standorten. Der Boden sollte kalkhaltig, steinig oder sandig und ziemlich humusarm sein. An Blüten tummeln sich Wild- und Honigbienen, Hummeln, Schmetterlinge. Blätter sind Futter für Bläulinge-, Schönbär- und Purpurfalter-Raupen.

ROTER GEISSKLEE

Cytisus purpureus

Andere Namen sind Roter Ginster, Purpurgeißklee oder Purpurginster. Als Frühblüher und Dauerblüher verschönert der Rote Geißklee mit rosa bis purpurnen Blüten von April bis in den Juni hinein trockene Standorte. Er gedeiht auf kalkreichen, warmen, sonnigen Böden, die steinigsandig sind. Als Einzelstrauch und Kleingehölz bildet er hier 20-70 cm hohe, dichte Gebüsche, die sich über Ausläufer vergrößern. Auch an Trockenmauern macht er sich gut. An den Blüten viele Hummeln und Bienen, an den Blättern Schmetterlingsraupen.

Ein Pfaffenhut tut gut: Hübsche Früchte, aber nur zum Ansehen

Wundersame Blütenvermehrung: Der Schwarze Geißklee blüht von unten nach oben. Und zwar immer wieder, immer weiter.

KOPFGINSTER

Cytisus supinus

Auch: Kopfgeißklee. Ein sehr seltenes, aber um so schöneres Kleingehölz. Es wird 30-80 cm hoch. Zur langen

Blütezeit von April bis in den August schieben alle Triebspitzen schwefelgelbe Blüten. Am wirkungsvollsten im Einzelstand. Liebt kalkreiche, steinigsandige Böden an warmen, sonnigen Plätzen.

GEMEINER SEIDELBAST
Daphne mezereum

Als früher Blüher fällt der Gemeine Seidelbast sofort auf. Er blüht, bevor alle anderen Bäume und Sträucher Laub treiben, sogar noch vor seinem eigenen Laubtrieb im März oder April. Die rosafarbenen Blüten sind wie von Diamanten besetzt, so glitzern sie. Ein betörend-süßer Duft strömt ihnen, lockt Zitronenfalter, Tagpfauenauge und Kleinen Fuchs an, außerdem Hummelköniginnen. Das zarte Kleingehölz von maximal 1 m Größe paßt in große und kleine Hecken, auch in den vollen Schatten. Als Vorpflanzung oder Einzelstrauch eignet er sich aber genauso gut. Im August sieht man die scharlachroten Beeren, die von Vögeln verspeist werden. Für Menschen jedoch sind sie giftig. Der Seidelbast kommt auf feuchten bis frischen Böden auch in kühler Lage vor. Er liebt kalkreiche, humusreiche Laubwaldböden.

Edler Seidelbast: Gemein ist er nicht, obwohl er so heißt.

EUROPÄISCHES PFAFFENHÜTCHEN
Euonymus europaeus

Das heimische Pfaffenhütchen kennt jeder wegen seiner auffälligen Früchte, die ab September den Strauch schmücken: Orangefarbene Kerne hängen zu viert in einer rosa oder scharlachroten vierklappigen Kapsel. Für Menschen sind diese Früchte giftig, nicht aber für die Tierwelt. Insgesamt 24 Vogelarten ernähren sich davon. 14 Säugetierarten fressen Rinde, Blätter und Triebe. Ebenfalls auffällig ist jedoch im Mai gelegentlich der völlige Kahlfraß des Strauches. Die Traubenkirschen-Gespinstmotte ist dafür verantwortlich. Doch der Befall hat keine schädlichen Folgen. Das Pfaffenhütchen treibt wieder aus, blüht und fruchtet. Im Garten paßt es als großer wunderbarer Einzelstrauch an prominente Stellen. Auch in großen Wildsträucherhecken kann der Art keiner den Platz nehmen. Die Ansprüche an Boden und Standort sind gering: Es liebt zwar kalkreiche, frische, stickstoffreiche Böden, toleriert aber auch viel trockenere und wärmere Lagen. Pfaffenhütchen wachsen schnell, geben einen guten Sichtschutz und werden auch hoch.

Roter Geißklee: Zu schön, um im Garten zu fehlen.

FÄRBERGINSTER

Genista tinctoria

Ein heimisches Kleingehölz für viele Gärten könnte der Färberginster sein. Er vereint zahlreiche Vorteile in einem. Er wird in der normalwüchsigen Form meist nicht höher als 60 cm, paßt somit also auch noch in kleinste Ecken. Außerdem ist er ein unermüdlicher Dauerblüher. Die ersten hellgelben Blüten öffnen sich im Juni, die letzten schließen sich im August. Während dieser dreimonatigen Dauerblüte hat er ständig Blütengäste, vor allem Hummelarten, Wildbienen und Tagfalter. Ab September hängen die braunen Hülsen am Strauch. Vom Färberginster gibt es auch besonders kleine

Kurz vor dem Aufbrechen: Färberginster mit Blütenrispe

Mannsblut: Noch Blüten und schon Früchte, das lohnt.

Zwergformen, die nur 20-30 cm hoch werden und so eher an ein Kraut als an einen Strauch erinnern. Der Färberginster wächst in der Natur gern auf sauren, kalkarmen Böden. Im Garten kommt er allerdings auch mit kalkreichen Standorten zurecht. Der Boden darf mager, also steinig und sandig sein. Etwas Feuchtigkeit sollte zeitweise sein, obwohl er ansonsten an sehr trockenen Plätzen gedeiht.

MANNSBLUT

Hypericum androsaemum

Das Mannsblut ist eine lange unentdeckte heimische Schönheit für den Garten. Es gehört zur Familie der Johanniskrautgewächse und erinnert an das krautige Tüpfeljohanniskraut. Es wird selten höher als 50-80 cm,

Die Blüte erinnert an die Johanniskraut-Verwandtschaft.

trägt als immergrüne Art große glänzendgrüne Blätter, die auch im Halbschatten und Schatten noch gedeihen. Der Boden darf feucht und humusreich sein. Mannsblut pflanzt man so dicht wie eine Staude (fünf Pflanzen pro Quadratmeter). Es bildet mit der Zeit Gebüsche. Die hellgelbe Blüte ist lange zu sehen, vom Juni bis zum August. Vor allem Fliegen, Bienen und Hummeln kommen zu Besuch. Danach reifen aparte Früchte, die ebenfalls Dekorationswert besitzen. Sie sind zuerst rot, dann rotbraun, und ausgereift schließlich schwarz gefärbt.

WALDGEISSBLATT

Lonicera periclymenum

Als Wildpflanze hat das Waldgeißblatt in Gärten eine lange Tradition. So hübsch, wie sich die Kletterpflanze am Gerüst oder inmitten der Hecke windet, hielt es dort schon früh Einzug. Die lange Lippenblüte zeigt sich gelblichweiß mit einem Anflug von Purpur, wobei sich der Kelch trompetenartig verjüngt. Dieser bis 5 cm lange Kelch hat es in sich: Die Schlingpflanze produziert als Nachtdufter erst in den Abendstunden einen Wohlgeruch, der nicht nur Menschen anlockt. Vor allem langrüsselige Nachtschmetterlinge umschwirren den Strauch, der lange von Juni bis in den August hinein blüht. Die glänzendroten Früchte sind wie bei der ganzen Heckenkirschenverwandtschaft für Menschen giftig! Sie werden allerdings mit Vorliebe von sieben Vogelarten gefressen. Die Blätter taugen als Raupenfutter für so hübsche Schmetterlinge wie den Eisvogel oder den Alpenscheckenfalter. Ein Waldgeißblatt bevorzugt zwar leicht saure, nicht zu nährstoffreiche und leicht feuchte Böden, es kommt aber auch mit anderen Standorten zurecht.
Als Kletterspezialist kann das Waldgeißblatt recht hoch werden. Drei Meter sind wenigstens möglich. Hauswand und Hecke sind gute Lebensräume. Attraktiv ist auch die Begrünung eines Totholzhaufens. Auch wenn immer wieder neues Holz nachgeschichtet wird, das Waldgeißblatt schafft es stets, blühend obenauf zu sein. Das funktioniert übrigens auch mit seinem Verwandten Jelängerjelieber (*L. caprifolium*).

ROTE HECKENKIRSCHE

Lonicera xylosteum

Rote Heckenkirschen könnten in fast jedem Garten ein passendes Plätzchen finden. Tatsächlich gehören sie zu den anpassungsfähigen Wildsträuchern, die mit sehr verschiedenen Standortbedingungen auskommen. Er darf sehr nährstoffreich sein oder eben magerer. Er darf sonnig sein oder nur halbschattig und sogar ganz schattig. Immer aber sollte der Boden ein bißchen feucht sein. Rote Heckenkirschen sind auch deswegen ideal für den Garten, weil sie nicht so groß werden. Mit maximal 2–3 m passen sie noch an viele Stellen, wo wir größere Arten nicht gern sehen würden. Vor allem aber bilden sie ein so schönes, dichtes dunkelgrünes Laub aus – ein perfekter Sichtschutz. Sie sind also gute Anpflanzungen im Terrassenbereich oder an Wegen. Ihre Fähigkeit, auch im Halbschatten und Schatten zu wachsen, ist ein weiterer Vorteil, der nicht zu unterschätzen ist. Geeignet für die große und kleine Wildsträucherhecke, Einzelstand und Buschgruppe. Die Lippenblüte ist gelblichweiß und vor allem bei Hummeln und Bienen heiß begehrt, es brummt und summt von Mai bis Juni. Der ganze Strauch ist wertvolles Insektenfutter. Bei so vielen Vorteilen wiegt ein Nachteil nicht schwer: Die glänzendroten Beeren sind giftig. Doch darauf kann man Kinder hinweisen.

Waldgeißblatt als Garagenschmuck

Fünfblättriger Wein mit roter Herbstfärbung.

WILDAPFEL

Malus sylvestris

Auch Holzapfel genannt. Die Urform des Gartenapfels ist ein prächtiger Großstrauch. Er macht sich gut in einer breiten Wildsträucherhecke, wo er mit meist 3-5 m Höhe eine beeindruckende Position einnimmt. Die rosaweißen Blüten sind von Mai bis Juni geöffnet, holzharte Früchte gibt es ab September. 19 Säugetierarten sind hierauf scharf. Wächst auf vielen Böden.

FÜNFBLÄTTRIGER WILDER WEIN

Parthenocissus inserta

Von Hauswänden kennen wir ihn eher als in der Natur, wo er nur selten vorkommt. Der Fünfblättrige Wilde Wein klettert am liebsten am Gerüst oder in anderen Bäumen und Sträuchern in der Hecke. Dort erreichen alte Exemplare Höhen von 12-20 m, erklimmen also jedes zweistöckige Wohnhaus. Die unscheinbare grüngelbe Blüte im Juli und August wird meist übersehen, jedoch nicht die blauschwarzen Weinbeeren, die zwar eßbar, aber nicht sehr schmackhaft sind. Nicht so für die Vögel: 19 Arten laben sich daran. Die blutrote Herbstfärbung ist viel zu schön, um mit den ersten Frostnächten abzufallen. Der Boden sollte nährstoffreich und etwas feucht sein. Bis auf den kalten Norden an allen Häuserwänden zu Hause.

ZWERGMANDEL

Prunus tenella

Im frühjahrskahlen Garten ist die Zwergmandel immer für eine blumige Überraschung gut. Sie blüht zwischen März und Mai. Die intensiv duftenden Blüten sind zartrosa. Wild- und Honigbienen, Fliegen und Käfer haben hier ein Stelldichein. Die mandelähnlichen Früchte erscheinen ab Mai am Strauch. Als Kleingehölze bis zu 1 m Höhe verschönern Zwergmandeln vor allem kleine Situationen. Dank ihrer Vorliebe für magere, trockene, kalkreiche Böden mit viel Sand, Kies oder Steinanteilen passen sie hervorragend auf Trokkenstandorte, an Wegränder, in Mauern und Dächer.

KRIECHROSE

Rosa arvensis

Der Gartenwert dieser heimischen Wildrose kann gar nicht genügend gewürdigt werden. Kriechrosen sind Multitalente. Als Bodendekker werden sie einen halben Meter hoch. Sie beranken optimal Zäune und Klettergerüste von 1-3 m Höhe, bilden hier von Juni bis Juli schneeweiße Wände aus Hunderten von Blüten. Von Herbst bis Winter zieren kleine Hagebutten. Kriechrosen wachsen auch im Halbschatten. Gut auf trokkenen oder feuchten Böden, nährstoffarm oder -reich. Wie alle heimische Wildrosen sind Kriechrosen heiß begehrtes Insektenfutter.

LEDERROSE

Rosa caesia

Die Lederrose gehört zu unseren Kleinstrauchrosen. Da sie nur 1-1,5 m hoch wird, bietet sie sich für die niedrige Wildrosenhecke an. Als Vorpflanzung auf der sonnigen Seite paßt sie auch in größere Wildstrauchhecken. Und vor allem die großen weißrosa Blüten im Juni und die kugeligen Hagebutten ab August rechtfertigen den Einsatz als Einzelstrauch. Wie viele andere heimische Wildrosen liebt sie warme, trockene, steinige oder lehmige Standorte - Ansprüche, die sich im Garten schaffen lassen. Wertvoller Wildtierstrauch.

Kriechrose: Idealer Bodendecker, hier mit orangerotem Habichtskraut

HUNDSROSE

Rosa canina

Die Hundsrose ist die häufigste Wildrose unserer Gärten, weil sie sich oft auch selbst einsät. Dabei ist sie noch nicht einmal für jeden Garten geeignet. Denn die wüchsige Art mit den beeindruckenden Dornen gehört zu den Großstrauchrosen mit 3-5 m Höhe. Die weißrosa Blüte ist auf den Juni beschränkt, Hagebutten erscheinen im September. Vom Anspruch her ist diese Art sehr robust. Sie wächst auf nahezu allen Böden, sogar sehr nährstoffreichen Standorten. Sie liebt die Sonne, gedeiht aber auch noch ausreichend gut im Halbschatten. Und sie kommt auch - anders als viele wärmeliebende wilde Verwandte - mit feuchteren Plätzen zurecht. So betrachtet gehört sie auf jeden Fall in den Garten in die große Wildstrauchhecke und in die große Wildrosenhecke. Ist als Einzelgehölz ebenfalls schön, aber wegen der bogig überhängenden Triebe nur mit gehörigem Abstand zu genießen. Im Wert für die Tierwelt ist die Art - wie die anderen heimischen Wildrosen - durch nichts zu übertreffen. Über 100 Insektenarten nutzen Hundsrosen, darunter 31 Kleinschmetterlinge und 10 Bockkäfer. Die offenen Blüten bieten Pollen für diverse Wildbienenarten sowie Hummeln, Honigbienen, Bockkäfer, Rosenkäfer. Die Früchte versorgen 19 Säugetierarten und 27 Vogelarten mit Herbst- und Winterfutter. Die Hagebutten sind, wie bei allen Wildrosen, eßbar.

Zwergmandel: Blüten wie vom Mandelstrauch

Essigrose: Wildschöne Mutter vieler moderner Gartenrosen. Doch auch das Original ist pflanzenswert!

BUSCHROSE

Rosa corymbifera

Die Buschrose ist eine kaum bekannte Wildrosenart. Sie blüht zwar ähnlich wie die Hundsrose, nämlich weißrosa, doch etwas früher im Juni. Auch wird sie nicht ganz so mächtig. Mit ihren 2-4 m Höhe paßt sie sich etwas besser in kleinere Pflanzungen ein als die Hundsrose, die mindestens drei Meter groß wird. Die Früchte, die ab September auftauchen, sind ähnlich schön und zahlreich. Buschrosen sind gut für die große Wildrosen- und Wildstraucherhecke. Der Name prophezeiht eine weitere Verwendung: in Buschgruppen.

ESSIGROSE

Rosa gallica

Nicht umsonst stammen viele heutige Gartenrosen von dieser Wildrose ab. Sie ist sicher die Schönste im ganzen Land. Die fast handtellergroßen Blüten sind purpurrot bis hellrot. Von Juni bis Juli verströmen sie einen betörenden Duft. Die Hagebutten dagegen, ab September reif, sind eher unscheinbar graurosa. Essigrosen können wie Kriechrosen als Bodendecker in Halbschatten und Sonne verwendet werden. Dann pflanzt man sie im Halbmeterabstand. Dekoratives Einzelgehölz an Wegbiegung, Steinhaufen, Trockenmauer. Wird selten höher als einen halben Meter. Im Standortanspruch sind Essigrosen wenig wählerisch. Einigermaßen warm sollte es sein, humos oder lehmig, trokken, aber in jedem Fall kalkreich.

ROTBLÄTTRIGE ROSE

Rosa glauca

Auch als Hechtrose im Handel. In Gärten findet man ab und zu bereits diese Rose, wenn auch nicht in ihrer Wildform und oft auch am falschen Standort. Die Rotblättrige Rose ist von Natur aus eine Felssiedlerin, eine Art, die mit wenig Boden und um so mehr Steinen und Sand auskommt. Das genau, Trockenrasen und felsigen Hänge, ist auch ihr Platz. Sie liebt Mauern aus Naturstein und ist auf Trockenstandorten aller Art zu Hause. Im mageren Boden an Sitzplätzen oder am Wegrand geht es ihr ebenfalls gut. Dort kommt sie mit ihren rotlaubigen Blättern und den ebenso rötlichen Trieben am besten zur Geltung. Die Rotblättrige Rose ist unsere am längsten blühende Art. Sie beginnt im zeitigen Juni und blüht durch bis zum August. Weil die Blütephase so lange währt, sieht man auch gleichzeitig bereits reifende schwarzbraune Hagebutten. Erst mit der Vollreife werden sie leuchtend rot. Sie hängen bis in den Winter am Strauch. Standort und Wuchstyp: Einzelstrauch, Buschgruppe, niedrige Wildrosenhecke auf nicht zu nährstoffreichem Boden. Im Wert für die Tiere gleicht sie der Hundsrose (s. S. 53).

RAUHBLÄTTRIGE ROSE

Rosa jundzillii

Ein Garten ohne diese großblütige Art wäre nur halb so schön. Die Rauhblättrige Rose läßt sich unter den etwa mannshohen Arten mit keiner anderen messen. Sie ist einzigartig schön. Sehr große blaßrosa Blüten mit starkem Rosenduft überzeugen schnell, auch die scharlachroten Hagebutten sind ansprechend. Als dekoratives Einzelgehölz, als ästhetischer Beitrag für die niedrige Wildrosenhecke, als Randbepflanzung für eine höhere Wildrosenhecke oder eine Wildsträucherhecke. Durch Ausläufer bildet sie im Laufe der Jahre eine kleine Buschgruppe. Die Rauhblättrige Rose liebt Sonne oder Halbschatten. Sie bevorzugt humose, lehmige Böden an trockenen, steinigen, warmen Standorten. Finden Sie einen Platz – es lohnt sich!

ZIMTROSE

Rosa majalis

Mairose heißt diese Art auch, wegen ihrer frühen Blüte ab Mitte Mai, die bis in den Juni reicht. Der Name Zimtrose spielt hingegen auf die dunkelrotbraunen, zimtfarbenen Triebe an, die sich so nirgends anders finden. Wer sein Herz für die Schönheit der Wilden öffnet, kommt an dieser zierlichen Art nicht vorbei. Mit einer Zimtrose kann der Gartenbesitzer nur gewinnen. Sie ist das Mädchen für alles unter den heimischen Arten. Dank Ausläuferbildung sprießen mit der Zeit dichte Gebüsche, so daß die Art auch als Einzelgehölz kaum Pflege benötigt. Sie paßt ideal in die niedrige Wildrosenhecke, verträgt wie keine andere Art sogar Schatten und Nässe. Dort, wo keine wärmeliebende Wildrose freiwillig wächst, ist ihr Stammplatz. Im Wert für Tiere entspricht sie der Hundsrose.

Rauhblättrige Rose: Große Blüte, viel Pollen

Zimtrosenblüte: Die einzige Wildrosenart mit Vorliebe für feuchte Füße, wie hier am Bachufer.

Hohe Gartenhecke mit Kleinblütiger Rose und Haselnuß

Alpenheckenrose: Prachtblüte zum Vorzeigen

KLEINBLÜTIGE ROSE
Rosa micrantha

Diese Rose wird man, wie einige andere seltenere Arten auch, vergeblich bei der Standardbaumschule suchen. Sie gibt es allein bei speziellen Produzenten für Wildsträucher. Die Art bildet mit 2-3 m eine starke Ergänzung für die große Wildrosenhecke. Ähnlich wüchsig wie die Hundsrose, wird sie doch viel kräftiger. Eine Sache läßt sie immer auf sich aufmerksam machen: Es ist die heimische Wildrose, die als letzte noch blüht, erst spät im Juli verliert sie die blaßrosa Blütenblätter. Die Frucht reift ebenfalls spät, im Oktober, dafür aber um so zahlreicher in dicht gedrängten Büscheln. Als Duftrose zeichnet ihre Blätter ein typischer Apfelgeruch aus. Wert für Tiere wie bei Hundsrose.

ALPENHECKENROSE
Rosa pendulina

Sucht man eine kleine, frühblühende Art für Halbschatten- oder sogar Schattenbereiche, liegt man mit der Alpenheckenrose garantiert richtig. Schon im Mai entfalten sich tiefrosa Blüten von beachtlicher Größe. Die interessanten flaschenförmigen Hagebutten reifen schon im August heran. Die Alpenheckenrose verträgt lehmige, kalkreiche oder kalkarme Böden, die sogar etwas feucht sein dürfen. Daß sie in der Natur fast nur im Schatten steht, sagt für den Garten wenig. Sie wächst ebenso schön in der Sonne. Selten wird sie über einen Meter hoch, durch Wurzelausläufer breitet sie sich langsam aus. Das macht sie zum passenden Einzelgehölz, zur beliebten Art für die niedrige Wildrosenhecke oder zur Vorpflanzung für größere Wildrosen- und Wildsträucherhecken. Im Regelfall kommt sie dabei eher auf die Schattenseite des Lebens - um dort trotzdem freudig zu erblühen.

BIBERNELLROSE
Rosa pimpinellifolia

Sie ist die erste blühende Wildrose, noch vor Zimt- und Alpenheckenrose gehen Anfang Mai hübsche und dabei gar nicht kleine weiße Blüten auf. Die ungewöhnlich stachelige Art eignet sich durch die starke Bildung von Ausläufern bestens für dichte Gebüsche, die sie bald schließt. Ungewöhnlich sind ferner die schwarzen Hagebutten, auffällige Ausnahme im sonst rotorangenen Fruchtbehang der Verwandtschaft. Die Bibernellrose kommt sehr gut mit armen, sandigen Böden zurecht, wächst aber auch auf nährstoffreichen Standorten. Trocken sollte es sein. Nur über Wildpflanzenproduzenten zu beschaffen. Im normalen Handel wird überhaupt keine heimische Bibernellrose verkauft, sondern fälschlicherweise eine über 2 m hoch werdende Kreuzung mit der Altai-Bibernellrose (*R. altaica*) aus dem asiatischen Raum.

WEINROSE
Rosa rubiginosa

Man könnte sie wegen des Apfelduftes ihrer Blätter kaufen. Man könnte sie wegen der ungewöhnlich hübschen zweifarbigen rosaweißen Blüte im Juni kaufen. Man könnte sie kaufen als 2–3 m hohen Einzelstrauch, für die höhere Wildrosenhecke oder als ansehnliche Beigabe zur großen Wildsträucherhecke. Man könnte sie kaufen wegen ihrer großen (fruchtwein-)tauglichen Hagebutten ab September. Man könnte sie kaufen, weil sie nicht nur mageren, sondern praktisch jeden Gartenboden verträgt. Man könnte? Man sollte! Eine Weinrose paßt überall.

Bibernellrose: So schön, so weiß blüht keine andere.

Filzrose im Hagebuttenkleid: Der Winter bringt kahle Sträucher, aber um so schönere Früchte zum Anschauen.

FILZROSE
Rosa tomentosa

Wegen ihrer samtweichen, filzigen Blätter und reinweißen Blüte fällt sie im Juni aus dem Rahmen. Der Strauch bleibt kompakt und wird nicht höher als ein Mann. Dies und auch die leuchtenden tiefroten Hagebutten machen die Filzrose geeignet für vielerlei Zwekke: als Einzelstrauch für eine Ecke, Wegbiegung oder den Hauseingang. In die niedrige Wildrosenhecke paßt sie optimal, auch in höheren Wildrosen- und Wildsträucherhecken. Die Filzrosen sind viel zu schön, um nur im Buch zu stehen. Pflanzen Sie sie!

APFELROSE

Rosa villosa

Ihre samtweichen Blätter erinnern uns an zarte Filzrosen. Sie besticht aber mit einer überaus großen karminroten Blüte. Im Aufblühen ist sie eher dunkler, um beim Abblühen ins Hellrosa zu wechseln. Apfelrosen blühen früh, von Mai bis Juni. Und sie reifen schnell, ab August gibt es Hagebutten – die größten hierzulande. Mit vier Zentimeter Länge fallen sie sofort auf.
Die Apfelrosen werden selten höher als 1,5 m, was sie zu Idealkandidaten für den Einzelstand und die niedrige Wildrosenhecke macht. Der Boden sollte warm, kalkreich und steiniglehmig sein.

Holunder: Lieber eigene Vitaminspritze oder Vogelfutter?

Schwarzer Holunder: Blütensekt, Hollerküchl und mehr

BLAUGRÜNE ROSE

Rosa vosagiaca

Auch unter dem Namen Vogesenrose bekannt. Wer eine starkwüchsige Wildrose mit mächtigen Dornen sucht, wird hier fündig. Insofern gehört sie in jede Sichtschutz- und Dornenhecke hinein. Der relativ kleine Wuchs – Blaugrüne Rosen werden etwa mannshoch – läßt dabei verschiedene Optionen offen: als etwas herausragendes Einzelexemplar in der niedrigen Wildrosenhecke, als Dreingabe für die große Wildrosenhecke und selbstverständlich auch für die große Wildsträucherhecke. Sogar als Einzelstrauch macht sie etwas her.
Die Art blüht von Juni bis in den Juli hinein blaßrosa.
Ein nicht zu verachtender Vorteil der Blaugrünen Rose sind ihre großen Früchte,

Apfelrosenbutte

Vogelbeere, die schwere: Prallvolles Lockvogelangebot

Herbstschmuck und Winterfutter: Wir mögen Vogelbeeren gern haben, die Vögel haben sie sogar zum Fressen gern.

die ab August weithin leuchten und lange am Strauch hängen. Das macht sie geeignet für Fruchtweine und sonstige Hagebuttenrezepte. Die Standorte sind äußerst variabel: Von steinigen, lehmigen und eher trockenen Böden bis hin zu humosen, feuchteren Plätzen.

SCHWARZER HOLUNDER

Sambucus nigra

Für diesen Großstrauch der nährstoffreichen Böden gibt es einen guten Einzelplatz: Am Komposthaufen verarbeitet er überschüssige Nährstoffe in saftiges Holundergelee, in Fruchtwein oder Hollerblütensekt. Ansonsten gehört er mit seinen 3-8 m Höhe in jede große Wildstrauchhecke. Schon wegen der Vögel. Immerhin: 62 Arten laben sich an den vitaminstrotzenden Beeren, die es schon im August gibt. Dabei blüht der platzeinnehmende Schwarze Holunder erst im Juni so richtig üppig.

GEMEINE VOGELBEERE

Sorbus aucuparia

Der Name trifft: Dieser baumartige Wildstrauch schießt tatsächlich den Vogel ab: Sage und schreibe 63 Vogelarten plündern die orangeroten Beeren im August. Die weißen Dolden blühen im Mai. Vogelbeeren vertragen alle Böden und brauchen gar nicht viel Platz, da sie sich erst in höheren Etagen verbreitern. Je nach Möglichkeiten werden sie 3-15 m hoch. Ein dekoratives Einzelgehölz oder eine gute Ergänzung für die große Wildsträucherhecke.

LITERATUR

Reinhard Witt: Wildsträucher und Wildrosen. Bestimmen und Anpflanzen. Die attraktivsten heimischen Wildrosen in Blüte und Frucht. Kosmos Verlag, Stuttgart 1995.
Erstmalig werden alle 180 in Frage kommenden Arten vorgestellt, darunter als Novum das ganze Spektrum der heimischen Wildrosen in Blüte und Frucht. Das Buch zeigt die passenden Wildgehölze für sämtliche Gartenansprüche, darunter viele bislang noch unbekannte, bildhübsche Arten. Für Hecken in der Landschaft werden die regionalen, landschaftstypischen Arten präsentiert. Regionale Vorkommen in Deutschland, Österreich und der Schweiz.

Reinhard Witt: Naturoase Wildgarten. Überlebensraum für unsere Pflanzen und Tiere. Planung, Praxis, Pflege. BLV Verlag, München 1996.

Reinhard Witt: Wildpflanzen für jeden Garten. 1000 heimische Blumen, Stauden und Sträucher. Anzucht, Pflanzung, Pflege. BLV Verlag, München 1995.

Brigitte Kleinod: Grabbepflanzung liebevoll und schön. Kosmos Verlag, Stuttgart 1997.
Neben einigen nicht-heimischen Bepflanzungen werden vor allem Vorschläge mit Wildpflanzen gemacht. Kleingehölze, Stauden, Gräser und Zwiebeln unserer Natur eignen sich viel besser, sind kostengünstiger und pflegeleichter als die Standardgrabbepflanzung mit Exoten. Die Beispiele mit 100 Wildpflanzenarten belegen, daß eine Grabstätte ein Platz des Lebens sein kann, mit heimischer Bepflanzung für alle Standorte, mit hiesigen Steinarten und ganz ohne Gift und Chemie.

INFORMATION

Naturgarten e.V.
Verein für naturnahe Garten- und Landschaftsgestaltung
Postfach 430906
80739 München
Fördert und verbreitet seit 1990 in Deutschland und Österreich die Naturgarten-Idee. Kostenlose Beratung an 20 Naturgarten-Telefonen. Fortbildung. Richtlinien zur Wildpflanzenproduktion. Adressenliste von Naturgartenexperten und Wildpflanzenproduzenten. Samentauschbörse. Infopaket „Naturgarten" gegen DM 10,– im Scheck anfordern.

BEZUGSQUELLEN

Seltene Wildrosen und Wildsträucher

Naturwuchs
Bardenhorst 15
33739 Bielefeld
Ahornblatt
Postfach 1125
55001 Mainz

Gärtnerei für Wildstauden und Wildgehölze
Monika Strickler
Lochgasse 1
55232 Alzey

Wildblumenmischungen für Heckensäume

Blumenwiesen
Bernd Dittrich
Syringa-Samen
Bachstr. 7
78247 Hilzingen-Binningen

REGISTER

Die **halbfett** gesetzten Seitenzahlen verweisen auf Abbildungen.

62

BILDNACHWEIS

Mit 101 **Farbfotos** von:
Ursel Borstell, Essen (S. 13);
Hans E. Laux, Biberach/Riß
(S. 1 re, 1 li, 2o);
alle übrigen von Reinhard
Witt, Ottenhofen.

Mit 8 **Farbillustrationen** von:
Horst Lünser, Berlin.

IMPRESSUM

Umschlaggestaltung von Atelier Reichert, Stuttgart.
Umschlagvorderseite: Großes Foto von Reinhard-Tierfoto, Heiligkreuzsteinach; kleines Foto von Reinhard Witt.
Umschlagrückseite: Foto links von Ursel Borstell; Foto rechts von Hans E. Laux.
Klappe außen: Beide Fotos von Reinhard Witt.
Klappe innen: Alle acht Fotos von Reinhard Witt.

Mit 115 Farbfotos und 8 Farbillustrationen.

Die Deutsche Bibliothek – CIP-Einheitsaufnahme

Witt, Reinhard:
Wildrosen und Wildsträucher für den Garten / Reinhard Witt. –
Stuttgart : Kosmos, 1998
(Dem Kosmos-Rat vertrauen)
ISBN 3-440-07553-2

ISBN 3-440-07553-2
Lektorat: Eva Tauber, Christiane Theis
Grundlayout: Atelier Reichert, Stuttgart
Gestaltung: Gisela Dürr, München
Satz: Punkt Komma Strich, Deizisau
Printed in Germany/Imprimé en Allemagne
Druck und Buchbinder: Westermann Druck Zwickau GmbH, Zwickau

Alle Angaben in diesem Buch sind sorgfältig geprüft und geben den neuesten Wissensstand bei der Veröffentlichung wieder. Da sich das Wissen aber laufend in rascher Folge weiterentwickelt und vergrößert, muß jeder Anwender prüfen, ob die Angaben nicht durch neuere Erkenntnisse überholt sind. Dazu muß er zum Beispiel Beipackzettel lesen und genau befolgen sowie Gebrauchsanweisungen und Gesetze des jeweiligen Landes beachten.

Extra

WELCHE WILDROSEN UND WILDSTRÄUCHER WOFÜR?

Botanischer Name	Deutscher Name	Blütenfarbe	Blütezeit	Wuchshöhe (cm)	Besonderes	ES*	BG*	KWS*	GWS*	KWR*	GWR*	KG*
Amelanchier ovalis	Gemeine Felsenbirne	weiß	4–5	100–300	• Frühblüher • Trockenstandorte • Mauern • eßbare Früchte	x	x	x				
Berberis vulgaris	Gemeine Berberitze	gelb	5–6	100–300	• Duftpflanze • eßbare Früchte	x	x		x			
Buddleja davidii	Sommerflieder	lila, blau, weiß	6–10	100–200	• Duftpflanze • Dauerblüher • Schmetterlingsmagnet • auch als Zwergform	x	x	x	x			x
Clematis alpina	Alpenwaldrebe	lila, rosa	5–10	100–300	• Duftpflanze • Kletterstrauch	x	x	x	x	x	x	
Cornus mas	Kornelkirsche	gelb	2–4	200–500	• Frühblüher • eßbare Früchte	x	x		x			
Cytisus nigricans	Schwarzer Geißklee	gelb	6–8	50–130	• Dauerblüher • Trockenstandorte	x	x	x				x
Cytisus purpureus	Roter Geißklee	rosa, purpur	4–6	20–70	• Frühblüher • Trockenstandorte	x	x					x
Cytisus *supinus*	Kopfginster	gelbbraun	4–8	20–50	• Trockenstandorte	x	x	x				x
Daphne mezereum	Gemeiner Seidelbast	rosa	3–4	50–100	• Duftpflanze • Schatten	x	x	x	x			x
Genista tinctoria	Färberginster	gelb	6–8	20–60	• Dauerblüher	x	x	x				x
Hypericum androsaemum	Mannsblut	gelb	6–8	30–100	• Dauerblüher • Schatten	x					x	
Lonicera periclymenum	Waldgeißblatt	weiß-rosa	6–8	100–1000	• Duftpflanze • Kletterstrauch	x	x	x	x	x	x	
Lonicera xylosteum	Rote Heckenkirsche	hellgelb	5–6	100–300	• Schatten • auch als Zwergform	x	x	x	x			

* ES = Einzelstrauch, BG = Buschgruppe, KWS = Kleine Wildsträucherhecke, GWS = Große Wildsträucherhecke, KWR = Kleine Wildrosenhecke, GWR = Große Wildrosenhecke, KG = Kleingehölze

Extra

Botanischer Name	Deutscher Name	Blütenfarbe	Blütezeit	Wuchshöhe (cm)	Besonderes	ES*	BG*	KWS*	GWS*	KWR*	GWR*	KG*
Malus sylvestris	Wildapfel	rosa, weiß	5–6	300–1000	• Urform der Gartenäpfel	x			x			
Prunus tenella	Zwergmandel	rosa	3–5	50–100	• Frühblüher • Duftpflanze	x	x	x				x
Rosa arvensis	Kriechrose	weiß	6–7	50–100	• Bodendecker • Kletterpflanze	x	x	x	x	x		x
R. caesia	Lederrose	rosa	6	100–150	• eßbare Frucht	x	x	x		x		x
R. canina	Hundsrose	hellrosa	6–7	150–500	• eßbare Frucht	x	x		x		x	
R. corymbifera	Buschrose	rosa	6–7	200–400	• eßbare Frucht		x		x		x	
R. gallica	Essigrose	rot	6–7	50–100	• Duftpflanze	x	x	x		x		x
R. glauca	Rotblättrige Rose	rot-weiß	6–8	100–300	• eßbare Frucht • Dauerblüher	x	x	x		x		
R. jundzillii	Rauhblättrige Rose	dunkel-rosa	6–7	50–200	• Duftpflanze • eßbare Frucht	x	x	x	x	x	x	
R. majalis	Zimtrose	karmin-rot	5–7	100–150	• eßbare Frucht • Schatten	x	x	x	x	x	x	x
R. micrantha	Kleinblütige Rose	hell-rosa	6–7	200–300	• Duftpflanze • späteste Blüte		x		x		x	
R. pendulina	Alpenheckenrose	purpur	5–8	50–100	• Frühblüher • Duftpflanze • Schatten	x	x	x	x	x		x
R. pimpinellifolia	Bibernellrose	weiß	5–7	20–100	• Frühblüher • Duftpflanze • eßbare Frucht	x	x	x		x	x	x
R. rubiginosa	Weinrose	rosa-weiß	6–7	200–300	• Duftpflanze • eßbare Frucht	x	x		x	x	x	
R. tomentosa	Filzrose	weiß	6-7	50–200	• eßbare Frucht	x	x	x		x		x
R. villosa	Apfelrose	rosen-rot	5–6	50–200	• sehr große, eßbare Frucht	x	x	x		x		x
R. vosagiaca	Blaugrüne Rose	rosa	6–7	100–150	• eßbare Frucht	x	x	x	x	x	x	

* ES = Einzelstrauch, BG = Buschgruppe, KWS = Kleine Wildsträucherhecke, GWS = Große Wildsträucherhecke, KWR = Kleine Wildrosenhecke, GWR = Große Wildrosenhecke, KG = Kleingehölze